ようこそ！ おいしい食と可愛い雑貨の国へ

ブラジル、住んでみたらこんなとこでした！

文・写真 岡山裕子

清流出版

はじめに

この本を手に取ってくださり、ありがとうございます。

きっと、ブラジルに行ってみたい！
もしくは現在何かと注目のブラジルをちょっと覗いてみたいと、
ページを開いてくださったのですね。

私は 2010 年の 7 月からブラジルのサンパウロに住み始めて、
間もなく 4 年になります。
夫の海外赴任に伴っての私にとって初めての海外生活……。
莫大な不安とともに始まったのですが、
陽気で温かいブラジル人に囲まれ、
今ではすっかりこの国に魅了されています。
また、こちらで初めての出産も経験しまして、
目下、育児に奮闘しております。

日本ではニュースを伝える仕事をしてきましたが、
ブラジルといえば、サッカー、経済発展、事件・事故・災害の多い国、
カーニバル、というキーワードしかなかなか出てこなくて、
こんなにも奥深く面白い国だということは知りませんでした。
特にブラジル人の考え方、生活習慣がいかに日本人と違うか、

人生を楽しむことにいかに情熱をかけているかは
間近で見ていて衝撃を受けるほどです。
そして日系人がどれほどブラジルで活躍しているか。
そういったあまり知られていない地球の反対側の
リアルな日常をお伝えしたくて筆を取ってみました。

この本はブラジルの本ではあるけれども、
ブラジルの国全体を網羅したいわゆるガイド本ではありません。
サンパウロに住む一人の日本人主婦である私が
見たことや実際に経験したことがベースの情報本兼エッセイとなっています。
それでも、住んでみないとわからないブラジルの姿や、
ブラジルですぐに使える実用的な情報など、
この本ならではのものをお届けできることを祈っています。

ブラジルご旅行前の情報収集に、
または日本とはまったく違う異国文化に触れてみたい方に、
ブラジル人を知りたい方に、
この本が少しでもお役に立てれば幸いです。
どうぞ小旅行気分でリラックスしてページをめくってみてください。
さあ、それでは魅惑の国、ブラジルにご案内いたします！

2014年5月 サンパウロにて　　岡山裕子

はじめに――3

魅惑のブラジル生活 1

もくじ

ブラジルに住んでみたらこんなとこでした！

ようこそ！ おいしい食と可愛い雑貨の国へ

装丁・本文デザイン／松永大輔
イラスト／池畠裕美

ベネズエラ
VENEZUELA
ギアナ(フランス領)
F. GUIANA
ガイアナ
GUYANA
スリナム
SURINAME
コロンビア
COLOMBIA
エクアドル
ECUADOR
ペルー
PERÚ
ボリビア
BOLIVIA
チリ
CHILE
パラグアイ
PARAGUAY
アルゼンチン
ARGENTINA
ウルグアイ
URUGUAY
ロライマ
Roraima
アマパー
Amapá
アマゾナス
Amazonas
パラー
Pará
アクレ
Acre
ロンドニア
Rondônia
マトグロッソ
Mato Grosso
マラニョン
Maranhão
セアラ
Ceará
ピアウイ
Piauí
トカンチンス
Tocantins
リオ・グランデ・ド・ノルテ
Rio Grande do Norte
パライバ
Paraíba
ペルナンブーコ
Pernambuco
アラゴアス
Alagoas
セルジッペ
Sergipe
サルバドール
Salvador
バイーア
Bahia
ブラジリア
Brasília
ゴイアス
Goiás
ミナスジェライス
Minas Gerais
マトグロッソ・ド・スル
Mato Grosso do Sul
エスピリト・サント
Espirito Santo
サンパウロ
São Paulo
リオデジャネイロ
Rio de Janeiro
サンパウロ
São Paulo
リオデジャネイロ
Rio de Janeiro
フォス・ド・イグアス
Foz do Iguaçu
(イグアスの滝)
パラナ
Paraná
サンタカタリナ
Santa Catarina
リオ・グランデ・ド・スル
Rio Grande do Sul
ブラジル
BRAZIL

A interessante vida brasileira

1

魅惑のブラジル生活

日本でも、年々人気が高まっているブラジル料理やブラジルのファッション。
音楽もボサノバにサンバと、特有の魅力がありますよね。
ブラジルの魅力を、まずは衣食住の面からお伝えします！

ブラジル「食」事情

世界各国の美味が集結

Restaurantes de todos os países do mundo em um só país

ブラジルのレストランはブラジル料理のお店だけでなく、イタリアン、フレンチ、スペイン料理、アラブ料理、インド料理、韓国料理、そして日本料理となんでもあります。しかもどれも味のレベルが高い。これは移民の国ならではです。各国の移民が自分たちの故郷の味をブラジルに持ち込み、ちゃんと守り続けてきたのですね。

特に世界最大の日系人コミュニティがあるサンパウロは、和食店が充実しています。お寿司、ラーメン、トンカツ、カレー、丼もの、定食、なんでも食べられるのは有り難いかぎりです。お店によってはお座敷まであるので、赤ちゃんや子ども連れでも気軽に入れます。

最近、和食はユネスコの世界無形文化遺産に登録されましたが、もちろんブラジル人にも和食はずっと大人気です。ヘルシーで健康によいというのはもう誰もが知っていて、知り合いのブラジル人からはよくレシピを聞かれます。

ブラジル人に特に人気があるのはお寿司、中でも「手巻き寿司」です。お寿司の専門店もたくさんあります。私も何軒か行ってみました。

具はブラジル流にアレンジされています。例えばサーモンとクリームチーズや天ぷら、タバ

人気のレストランの前には人だかりが

スコ入りなど……個性派揃い。日本人にはあまり受けないかな!? ただ、注目すべきは「オッチ・ホール（hot roll のポルトガル語読み）」！ これはブラジル人に最高に受けている、巻き寿司を揚げたものです。周りがさくさくクリスピーで甘辛いタレをつけて食べるのですが、食感が面白く、けっこう美味しい。基本的に生魚が苦手なブラジル人らしい発想ですよね。少し割高になりますが、日本人好みの本格的なお寿司が食べられるお店もちゃんとありますよ。

お寿司の巻物にはマンゴーやイチゴが入っていることも

サンパウロの和食店の和定食

Comer fora de casa é bem mais caro do que eu imaginava.

意外に高い？ ブラジルの外食

和食に限らずレストラン一般の相場は日本よりも高いです。同じメニューを頼んだとしても、日本の1・5倍から2倍くらいの値段がついています。素材や味のクオリティを求めるなら、もっと高くなります。

その代わり、量が多いんです。1人前を頼んでも日本の約2人前の量が出てくることがしばしば。そういえば日本に一時帰国したとき、レストランに行くと、逆にその量の少なさに驚きました。これに鍛えられて、私も年々食べる量が増えている……。

多くのブラジル人はたくさん食べます。コース料理を食べ終えて、足りなかったのか、デザートの後にもう一度肉料理を頼んでいるのを何度か見かけました。本当によく食べるんですよね。

ブラジルは外食が日本よりやや高いと感じます。ただ、野菜や果物、肉など材料自体はかなり安く手に入るので、人件費などの部分で値段が高くなっているようです。

比較的安いのはフレッシュジュース。ブラジルに来たら是非飲んでください！　パダリア（Padaria パン屋）や軽食屋、専門店、レストランなど、町中至る所でしぼりたての新鮮なジュースがいただけます。値段は安い所で200円前後です。おすすめはオレンジ、パイナップル、スイカ。どのお店で飲んでも甘くて新鮮で最高です。ミントの葉をミックスしたパイナップルジュースも人気です。

大好物のスイカ100％ジュース

Bebendo o verdadeiro café

本場で飲みたい! ブラジルコーヒー

ブラジルといえば、コーヒーの輸出で有名です。もちろん、こちらで飲むコーヒーは安くて美味しいのです。

ブラジルのコーヒーといえば、普通はエスプレッソです。「小さい」という意味の縮小辞「zinho(ズィーニョ)」をつけて「cafezinho(カフェズィーニョ)」と呼びます。値段は気軽なお店なら一杯だいたい200円くらい。

とても濃くて苦いので私はいつも「café com leite(カフェコンレイチ)」というミルクを足したものを頼みます。

ちなみに、ブラジル人は多くの人が甘党だから砂糖をスプーン3、4杯入れて飲むんですよ。私も試しに砂糖を大量に入れたコーヒーをちょっと飲ませてもらったら飴のように甘く、底のほうはドロっとしていました。甘くして飲むために濃いのか、濃すぎて飲めないから甘くするのか……どちらなんでしょう?

café com leite

Diferentes paladares

日本人と違う、ブラジル人の味覚

ブラジルでは料理の味付けが基本的に〝濃い〟です。最初こちらに来たとき、どれを食べても塩辛くてちょっとしたショックを受けました。ブラジル人はさらにそこに塩を振って食べるんです。日本人とはだいぶ味覚が違いますよね。赤ちゃんの頃から、離乳食には塩を入れて味付けするといいますから、慣れてしまうのでしょうか。

私は健康を気にして、レストランで注文するときは「menos sal メーノス サウ（塩控えめ）」と頼んでいます。基本的にブラジル料理はシンプルな味付けが多く、塩とガーリック味で、塩さえ控えられていれば日本人にも馴染みやすい味だと思います。

そして甘いものは徹底して甘い！ 私は甘いものに目がないのですが、ブラジルに来てからはどのお菓子も甘すぎて敬遠し、食べられるものがなくて昔は泣いていたものです。それでも今は慣れてしまいました。

ブラジル人が消費する砂糖の量は〝半端ない〟です。前に書いたようにコーヒーに大量に入れたり、なんと１００パーセント果汁のジュースにも入れたりします。レストランのテーブルには、いつもたくさんの砂糖と人工甘味料が運ばれてきます。

あと、チョコレートが嫌いな人に出会ったことがありません。でも、こんなに甘いもの大好きなのに、日本の甘辛い煮物やあんこは苦手みたい。「なんで野菜が甘いの？」「なんで豆が甘いの？」と怪訝《けげん》な表情。それに関しては別問題のようです。

ブラジルの代表的なお菓子、ブリガデイロ。
コンデンスミルク入りの柔らかいチョコレート

種類も多彩なブラジルスイーツたち！
ただ、かなり甘いので慣れるまでには少し時間がかかるかも？

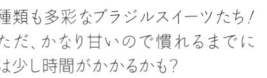

Como são os restaurantes brasileiros?
気になるお店の雰囲気は……

レストランは大衆的なお店から高級レストランまで、幅広くあります。

高級レストランは日本と同じようにとても洗練された雰囲気で、接客もスマートです。たまに注文と違う料理が来たり、料理が出るのがとっても遅いことがありますが、そこはご愛嬌。南国ゆえ？のおおらかさがあるといいますか……。

ちょっと家庭的なお店ではテレビがついていて、ドラマやサッカーを観ながら食事ができます。

どこのお店も店員さんはフレンドリーでサービス精神旺盛です。ワインもグラスの縁近くまでなみなみついでくれます。

シュラスコのお店　vento haragano 店内

VIENAというポルキロのチェーン店。
写真はフェイジョアーダなど

Não deixe de experimentar!
一度は食べておきたいブラジル料理

ブラジルらしさを体験するなら、ポルキロがおすすめです。

ポルキロとは「por kilo（キログラム単位で）」という意味なのですが、その名の通り、料理の重さを量って値段が決まるというシステムのレストラン。実際は１００グラム単位で取れますからご安心を。

ビュッフェ形式で、サラダ、肉料理、魚料理、パスタ、フェイジョアーダ（ブラジルの郷土料理）、フルーツなど数々のおかずの中からお皿に好きなものを好きな量だけ取っていき、最後に計量して値段を付けてもらいます。

これ、日本でも採用してほしいシステムです（ごく一部のお店では導入しているようですが）。食べる量だけ支払うというのがとても合理的ですよね。

ランチタイムはいつもビジネスパーソンで店内はいっぱい。外には行列ができています。ブラジル料理も並んでいるし、雰囲気を楽しむのにもいいですよ。混み合うランチタイムを外すと優雅に食事できるかも。ただ、欲張って取りすぎると結構なお値段になるのでご注意を。

Churrasco
本場のシュラスコ

日本でも人気のお肉のバーベキュー「シュラスコ」（ポルトガル語では「シュハスコ」と発音します）。

ブラジルのシュハスコは時間制限がないのでゆっくりと時間をかけてお肉を楽しみます。まずはサラダバーでお腹を整えたら、テーブルの上の札（片面が赤でもう片面が緑のもの）を緑にします。これが「お肉を持って来てください！」という合図（赤は「もういりません」という合図です）。

すると、それぞれ違う部位のお肉の塊の串刺しを持った店員さんが次々と現われ、どんどんお皿に切り分けてくれます。

私、最初はどの部位にも挑戦してみたくて、全部「ください！」と札を緑のままにしていたらお皿が山盛りに……。せっかくの熱々のお肉がどんどん冷えていってしまいました。

同じ肉の部位は何度も回ってくるし、リクエストもできるので、ここは落ち着いて一つ一つゆっくり味わうことをおすすめします。小食の女性は「só um pouquinho ソー ウン ポッキー

肉の塊を切り分けてくれる

ニョ（ちょっとだけ）」と言って肉を薄く切ってもらうといろいろ味わえてよいですよ。
特に味わってほしいのは、ブラジルで一番人気の牛肉の部位、ピッカーニャ（日本では「いちぼ」と呼ばれる部位）です。これが回ってくるまでずっと待ったほうがいいくらいおいしい。柔らかくて、噛むと上質な脂が程よく口にあふれ、牛肉の甘みと旨みを堪能できます。それから、ブラジルシュハスコの定番、クッピン（セブ牛のこぶの肉）も独特のとろける食感と濃い肉の味わい。日本ではなかなか手に入らないお肉らしいので、是非ブラジルで挑戦してみてください。今ではすっかりシュハスコにも慣れて、このふたつが来るまで、ほかのお肉は見逃しています。

ちなみにレストランで食べなくても、ブラジル人は日常的に仲間を呼んでシュハスコパーティーをしています。もちろんレストランのように巨大な塊肉ではない普通のバーベキューですが、マンションにもシュハスコができる設備がベランダについているか、共用スペースにシュハスコ窯《かま》があるのが普通です。これで昼から夜まで何時間もかけてお肉とお酒を飲みながらパーティーをする。最高の生活ですよね！

シュラスコのお店のサラダバー。ブラジルらしい前菜の数々もここで味わってみてください

ブラジル人のお袋の味、フェイジョアーダ

本場サルバドールで食べたムケッカ

Típico prato brasileiro
代表的なブラジル料理

ブラジルの家庭料理といえば、フェイジョアーダ。ブラジル国民の大好物です。黒豆を干し肉やソーセージなどとじっくり煮込んだものです。どの家庭でも食べられているお料理なので、日本人にとってのお味噌汁みたいなものかな？　ただお味噌汁とは違って抜群のスタミナ料理です。

ブラジル料理のレストランであれば、だいたいどの店でも食べられますが、曜日に注意してください。面白いことにフェイジョアーダは水曜日と土曜日に食べる料理と決まっていて、その曜日にしか出してくれないお店が多いです。ただ、専門店やポルキロには毎日必ずありますので、どうしても食べたい方はそちらで。

Meu prato brasileiro preferido
私のおすすめブラジル料理

私がブラジル料理で一番好きなのはムケッカです。ブラジル北東部の郷土料理で、魚介をトマトやココナッツミルクで煮込んだものです。日本人にも馴染みやすいお味だと思います。本場、バイーア州のサルバドールで食べたものが本当においしかった！

とても気に入ったので、料理教室に習いに行ってマスターしました。レシピはこちらです。

Feijoada

フェイジョアーダ

約10人分

◉材料

フェイジョンプレット	500g

＊feijão preto ブラジルの黒いんげん豆。日本の豆では代用できないので、できればブラジル食材店で入手してください。

塩漬け豚肉	100g
豚ロース肉	50g
生ソーセージ	100g
ベーコン	100g
玉ねぎ	1つ（大きめ） みじん切り
イタリアンパセリ	2分の1束
ローリエ	2枚
にんにく	3かけ
胡椒	好きなだけ
唐辛子ソース	好きなだけ
塩	必要であれば

◉調理

① 塩漬け肉と豆を別々に12時間以上水に浸しておく。2、3時間に1度は水を換える（できたら5回は換えましょう）

② 大きな鍋にベーコン以外の肉（一口大に切る）と豆を入れ、全部浸かるより少しだけ多く水を入れ、豆が柔らかくなるまで煮る。（かなり時間がかかるので、圧力鍋がおすすめです）

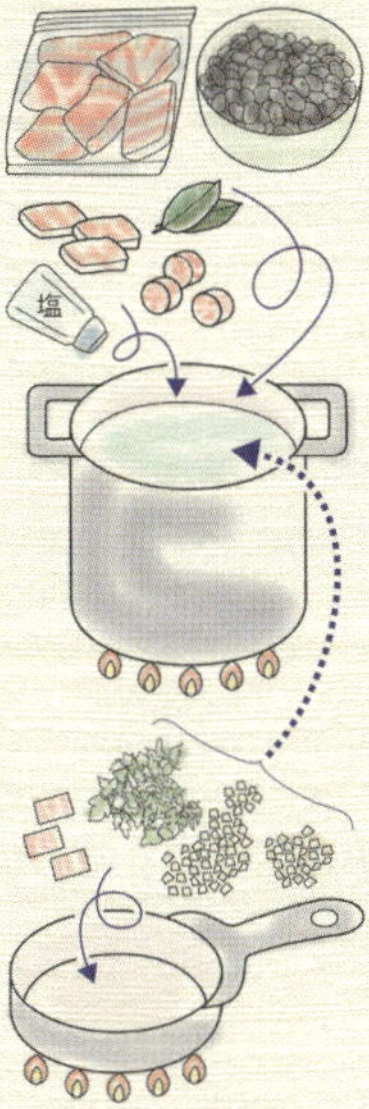

③ フライパンにオリーブオイルを入れ、ベーコンを炒める。ベーコンから十分脂が出たらみじん切りの玉ねぎとにんにく、刻んだイタリアンパセリを加えて炒める。唐辛子ソースや胡椒もお好みで加える。

④ ③を②に加え、15分くらい沸騰させて出来上がり！塩気が足りなければ塩を入れてください。

本来はブラジルに奴隷として連れてこられたアフリカ人が作りあげた料理で、主人が残した豚の内臓や耳やしっぽ、足などを入れて作ったと言われています。今も、本格的なものは内臓や耳などを入れますが、苦手な方も多いですよね。肉類の分量はアバウトでOKです。

写真のお皿のように、フェイジョアーダは付け合せと混ぜながら食べます。写真の緑は「コウヴェ」というケールの葉を炒めたもの。黄色っぽいのはマンジョッカ（キャッサバ）の粉を炒めたものです。あとはご飯。この3点が添えられるのが定番です。

Moqueca
ムケッカ

約5人分

◉材料

魚(ハタやサメ)　1kg
＊手に入りやすい白身魚を使ってください。煮崩れしにくいもの、スズキなどで代用可です。
ライム　1個
塩　適量
胡椒　適量
ニンニク　適量
チリソース　適量
熟れたトマト　500g
玉ねぎ　大1個半
赤か黄色のパプリカ　1個
コリアンダー　2分の1束
デンデ油
＊くせがあってお腹を壊す人もいるので注意！ オリーブオイルで代用可です。
ココナッツミルク　100ml
小ぶりのエビ　100gくらい
＊なしでもOK。

◉調理

① 輪切り(厚め・約2センチくらい)にした魚に、絞ったライム、オリーブオイル、塩、みじん切りのニンニク、胡椒で下味をつける。
② 大きめの鍋を用意します。(土鍋、もしくはル・クルーゼなど厚手のものが理想的)そこにデンデ油(もしくはオリーブオイル)50mlを入れ、つぶしたニンニク大さじ2分の1くらいを焦げないように弱火でよく炒める。
③ 大きめのみじん切りにした玉ねぎと刻んだトマト(種も全部)を加える。油がまわったら厚めの輪切りにしたパプリカ半分を加える。(残り半分は仕上げに使うのでとっておく)。好みで塩、胡椒、チリソースなどを加える。
④ フタをして5分くらい炒める。
⑤ 焦げ付きそうなら水を少し加える。
⑥ ①の魚を静かに加え、蓋をしてさらに10分〜15分煮込む。水分がなくなってきたら、水を加える。
⑦ 魚にナイフかフォークを刺して火が通っているようならココナッツミルクを入れ、残しておいたパプリカの輪切りを上に乗せる。最後に刻んだコリアンダーを乗せる。
⑧ 好みで水を足し、少し煮立たせたら完成。
ご飯と一緒に食べます！

庶民の台所 フェイラ（朝市）

Onde encontrar frutas e vegetais frescos

週に1度、毎週通っているフェイラ（Feira）。決まった曜日にだけ一部の道路が閉鎖され、青空市場に大変身します。屋台には野菜、果物、肉、魚、花など飛び切り新鮮な商品が所狭しと並び、近所の住人たちが集まる賑やかで活気のある場所です。

今でこそお店の人とのやり取りを楽しみに行きますが、最初はポルトガル語がわからず、フルーツひとつ買うのにも苦労しました。値段も何個でいくらなのかわからなくてボラれたことも。

例えば綺麗なオレンジ6個で1000円と言われ、信じて買ってしまったのですが、本当は250円くらい。とにかく物価が高いブラジルでも、フルーツなどものによっては日本人の感覚では驚くほど安いです。ただ、オーガニックのイチゴや輸入フルーツはすごく高い。フェイラ初心者はスーパーでフルーツのだいたいの値段を知ってから来

多くの人で賑わい、活気のあるフェイラ

ると安心です。もしも高い値段を付けられたら、「今日はお金持っていない」と帰ろうとするといきなり半額になったりしますよ。

お店の人と顔馴染みになってくるとフェイラって奥深くて面白い。そのときの旬の食材とか、おいしいフルーツの選び方など、その場で試食させてくれながら教えてくれたり。知らない食材の食べ方や調理の仕方なんかも教えてくれるし、ブラジルの食が垣間見えて興味深いのです。

しかも、お店の人のノリがいい。「やあ、かわいこちゃん！」と、うっかり振り向きたくなるような言葉で呼びかけられたり、赤ん坊の息子には「やあ、チャンピオン！」なんて声がかかることも。「おはよう」などと日本語でも挨拶してくれます。みんな屈託がなく、とにかく明るく元気なのでいつもエネルギーをもらっています。

どこの国もそうであるように、市場は現地の人の食が見えたりコミュニ—ケーションを楽しめる格好の場

見ているだけで気分が華やぐカラフルな南国フルーツたち！

スーパーではココナッツがそのまま飲めるようになっていたりします

Paraíso das frutas tropicais

新鮮な南国フルーツの宝庫

ブラジルはフェイラに限らずスーパーマーケットでも、日本ではなかなか見られない南国フルーツが充実しています。果物の女王のマンゴスチンや断面が星形のスターフルーツ、パッションフルーツ、グアバ、パパイヤなどがいつでも手に入るのです。

特にパパイヤはブラジルの国民的フルーツです。息子を出産する際、産院の食事でも毎朝出てきました。赤ちゃんも最初に食べるフルーツはパパイヤ。さすが南国ですね。

ブラジルの魚は？

Como são os peixes no Brasil?

ブラジルならではの魚といえば、今まで挑戦したのはセント・ピーター（St.Peter）やカンブク（cambucu）。セント・ピーターは息子のお食い初め用に、お店の人が「鯛に似ている」とすすめてくれたもの。見た目も食感も味も確かに似ています。おかげで無事、祝膳を作ることができました。

カンブクは淡泊な白身魚で、しっかり味をつけた煮込みに合います。ただ、ブラジルの魚はどれもちょっと生臭いかな。いかに日本の魚が新鮮でおいしかったかを痛感しています。

バカリャウそのものの香りは強烈だけど、食べるときっとクセになる？

また、タラの塩漬けの干物バカリャウ（bacalhau）が人気食材のひとつ。一年中スーパーマーケットに大量に積まれ、独特の、私の苦手な香りを放っています。

バカリャウはカトリックの伝統食であり、また、ポルトガルの国民食。その植民地だったブラジルでは、バカリャウを食べる習慣が残っているのです。どうしても香りに馴染めず、バカリャウコーナーは息を止めて通り過ぎますが、料理して食べると程よく塩気と旨味が出て癖になりそうな味です。

鯛にまあまあ似ているセント・ピーター

よく利用する日系の魚屋のお兄さん。カンブクを持ってポーズ

ファッションと雑貨

派手な色やプリントで主張するのがブラジル流

Moda brasileira ブラジル・ファッション

リオデジャネイロやリゾート地でいつも思うことは「うわ、自分の服地味！」ということ。

それくらい、ブラジル人のファッションは目立った色使いをしていることが多いのです。はっきりとした綺麗な色の服を着るのが好きなんですね。

日本ではあまり見ない色合わせをしていることも。例えば水色とオレンジ、赤と黄緑、黄色と青とか。柄も大きくてまあよく目立ちます。

そしてアクセサリーはシルバーよりゴールドがとにかく人気です。結婚指輪までゴールドが主流。ピアスもブレスレットも大振りのものをしっかりつけています。ナチュラルな色の服を着ていても、アクセサリーなど小物や靴で色を効かせるのが上手です。

私もそういうファッションに憧れているのですが、お店に行って合わせるとどうも派手すぎるような気がして、ついつい地味めのものを選んでしまうんです。でも、やっぱりブラジルの風景の中で写真を撮ると、明らかに派手くらいの色がちょうどいい。ブラジルの強い日差しや自然の中で似合う色が、まさにお店に並んでいるのですね。

ブラジルのお洋服や雑貨の魅力は、なんといってもそのカラフルな色だと思います。

いくつか好きなお店があるのですが、いつもはっとするような綺麗な色使いに魅了される。あの美しいビーチにインスパイアされたのか、太陽のオレンジ、海のブルー、砂のベージュ、南国の鮮やかな花の色、グリーンなどなど、色合いが本当に素敵です。「これ着てリゾートに行きたい〜」と思うような服がたくさんある！　日本でももっと紹介してほしいくらいです。「南国の大胆な色使いかつ都会のセンスがミックスされた洗練された服」なんていうイメージで、いくつかのブランドは世界でも注目されていますよね。

すごく記憶に残っているのは、出産直前の待合室でのこと。

ブラジルで買ったカラフルな服

雑貨屋　La da Venda 店内

みんな、すでに陣痛が来ている人ばかりだったんですが、居合わせた誰もがみな、カラフルな服を着ていたんです。私の目の前に座っていた人はすごく派手なグリーンのワンピース。お隣はオレンジのマキシワンピ。そのお隣は黄色の花柄、と全員がビタミンカラー！
「ああ、私はブラジルで出産するんだな」と実感した瞬間でした（笑）。なんだかその色から元気をもらえちゃったし、しかも出産というドキドキする日にちゃんと派手にお洒落をしてくるところが陽気でいいなあと思ったことを覚えています。色も元気なら着る人も元気です。

色といえば、ブラジルでは年越しに自分が着る服の色にこだわる習慣があります。色に新年への願いをこめるのです。白は平和、赤は愛、黄色はお金……というように。まあほとんどの人が白なのですが、こういうところから、日本よりも色に対するこだわりが強いのかなあと思ったりもします。

年越しは白い服

ファッションブランド「B.O.B.O」

ファッションブランド「SACADA」

「AREZZO」という靴の店

私の好きなファッションブランド
「ANIMALE」

O traje nacional da Baiana
バイアーナの民族衣装

ブラジル北東部のサルバドールへ旅行に行ったとき、道端で一際目立っていたのが、バイアーナbaiana（バイーア州の女性）。民族衣装のスカートがふんわりと広がった白いワンピースを着て、頭には大きなターバンのようなものを巻いている。黒い肌に真っ白のワンピースが似合っていて可愛かった！

「ついに実物が見られた」と嬉しくなっちゃいました。というのも、バイアーナはサンパウロでも、よくそのモチーフの絵や小物を目にするくらい有名なのです。

バイアーナの特徴は、もちろんその民族衣装にありますが、黒い肌もポイント。バイーア州は昔アフリカ人が奴隷としてたくさん連れて来られた場所であり、現在の住人のほとんどがその子孫だそうです。

悲しい歴史があるものの、アフリカの文化がポルトガル文化の影響を受けながら独自に形作られ、今は文化的にも街全体も異国情緒たっぷりの素敵な観光地になっています。

同じ国内ですが、ほかの州のブラジル人もこの地に魅了され、バイーア州の民芸品もとても人気です。

バイアーナは観光化されていて、一緒に写真を撮ってもらうとお金を要求されると聞きました。どうせ払うならと一番行列ができていた「バイアーナの恰好をして写真を撮る」というほうを選びました。両方撮ればよかったんですけどね。

似合ってますか？

窓辺で頬杖をつくバイアーナ人形と

これが、その民族衣装です！　純白が青空に映えて清々しく、レースやスカートのボリューム感もあってドレスみたいですよね。

窓辺で頬杖をついているバイアーナの人形もよく街で見かけました。旦那さんの帰りを待っているところなんですって。可愛らしい！

バイアーナのことを書いていると、あのサルバドールの青い空と独特の不思議な空気感が頭に蘇ってきます。本当に素敵なところでした。私は日本に帰るとき、バイアーナが描かれた絵を買って帰ろうと思っていて、今も気に入るものを探し中です。

Biquíni bonito e sensual
可愛くて、きわどい水着

ブラジルの水着って、日本でも大人気ですよね。Salinas(サリナス)やRosa cha（ホーザ　シャ）といったブランド名はみなさんもご存じなのではないでしょうか？

ブラジルのショッピング（日本でいうデパート）には、どこも水着のショップがみっつくらい入っています。もちろん年中OPENです。ブラジル人は休暇となるとビーチで過ごすのが定番なので、水着は季節によらず一年を通じて必要なアイテムなのです。

それぞれのお店で春夏コレクション、秋冬コレクションなどと、まるでお洋服みたいに入れ替わり、常に色や柄や形のバリエーションが豊富。まさに水着の宝庫です。あまりに可愛いものがたくさんあるので、私も洋服屋さん感覚で覗きにいきます。上下セットで買わなくても、トップだけ買って洋服の下にちらっと見せたり、習っているベリーダンス用にしたりといろいろ使える。ついつい、たくさん欲しくなっちゃいます。

さて、ブラジル水着の特徴といえば、ショーツの形です。布の面積が少なめで、お尻が半分出るようなちょっと過激なデザインです。タンガ型といえばわかるかな？　初めてブラジルのビーチに行ったとき、本当にみんなそういう形のショーツしか穿いていなくて驚いたものです。なんだか、女性の私でも目のやり場に困りました。「もうちょっと隠そうよ〜」と。ブラジル人の友人に「あれって恥ずかしくないの？」と聞くと、「日本の温泉はみんな裸じゃない。そのほうがよっぽど恥ずかしいでしょ？」と返されたことも。う〜ん、とにかく文化の違いですね。

ちなみに究極はＴバックタイプでfio dental(フィオ デンタウ)訳して「糸ようじ」と呼びます。本当にそういう名前で売られているんですよ。冗談みたいですけど。

なぜショーツがそういうデザインなのかというと、ブラジル人のチャームポイントはお尻だ

ブラジルで買った水着

開放的なビーチでは、年齢や体型なんて誰も気にしない

から。実際、大きくてぷりっと上がった美尻の持ち主がとっても多いんです。ちゃんとウェイトトレーニングで鍛えたりしている。しかもシリコンを入れてまで美尻をアピールする人もいるお国柄です。その美しさを最大限強調するデザインというわけです。

友人たちいわく、「隠す面積が小さいほうがお尻が綺麗に大きく見える」のだそう。

ビーチで私の目を引いたのが、ビキニを着たマダムやおばあちゃんたち。こちらではビキニは若い人だけのものではないのです。

その姿は、断然着なれている感じで自然でカッコいい！　肌はしっかり日焼けし、もちろんシミやしわが目立ち、お腹が出たりたるんだりもしている。それでも堂々とビキニを着て紫外線も気にせず眩しい太陽に肌を晒《さら》す姿は、「私はビーチを愛して生きているのよ！」と主張しているようで、とてもＨＡＰＰＹなオーラが漂っています。

人生を謳歌《おうか》している、その生き様までが伝わってくる感じ。他人の目なんか気にせず、自分が心地いいと思うものを着て、自然と一体化するという最高に贅沢な時間を楽しんでいるのです。なんだか、「小さいことを気にしていると人生損をするわよ。今を楽しみなさい！」と、そんなことを教えられているような気がします。

割といろいろなことを気にしがちな私ですが、毎回ビーチに来るたびに「彼女たちのように生きよう！」と決意するのでした。

Embuの日曜マーケットの様子

素敵な小物たち

Decoração, acessórios e artesanato lindos

私は雑貨を見るのが好きで、お店を覗き歩くのも大好きです。自分好みのものに出合った瞬間の幸せは女性ならみんなわかりますよね！私が今まで気に入って購入してきたのは、どれもシルバーや透明なガラス、白、黒、とシンプルなものが多かったんですが、ブラジルに来てからはすっかり感覚が変わってしまって、鮮やかな色の小物に惹かれます。

ブラジル人の家を訪問してカラフルな色使いが素敵だったことに影響された部分もあるし、やっぱり日本でなかなか見ないような独特の明るい色使いには思わず手に取りたくなる魅力があるんです。

ブラジルにはハンドメイドの小物もたくさんあります。作った人の温もりを感じさせる素朴で味わいのある小物は、傍《そば》にあるだけで心がほっこりします。

そういう小物に出合いたかったらエンブー（Embu）に立ち寄ることをおすすめします。

サンパウロ市から南西に車で30分ほど向かったところにあり、芸術家がたくさん住んでいていつも家具や民芸品が販売されている小さな

ブラジルのアララという鳥の飾り

広場では、抽象画から風景画までさまざまな絵が売られています

種類豊富なバイアーナ人形

雑貨屋の一軒

街です。毎週日曜日は民芸品の大きなマーケットが開かれ、まるでお祭りみたいな雰囲気になります。サンパウロ市の都会っぽさとかけ離れた、素朴な町中が可愛らしい絵本のように見える街なので、雑貨の買い物と息抜きにぴったりです。

ユニークな意匠がほどこされた壁掛け

Sobral
ソブラウ

雑貨
◉リオデジャネイロ
·Rua Visconde de Piraja
·Forum Ipanema（イパネマ）
·Aeroporto Santos Dumont サントス ドゥモン空港（国内線）
·Aeroporto Internacional do Rio de Janeiro/Galeão - Antônio Carlos Jobim リオデジャネイロ国際空港 通称 ガレアゥン／アントニオ カルロス ジョビン空港
◉サンパウロ
·Rua Normandia, Moema
·Aeroporto Guarulhos ガルーリョス空港

リオデジャネイロ生まれのデザイナーCarlos Sobralカルロス·ソブラウ氏のブランド。ビビッドな色と珍しい素材が特徴的です。キャンディーのようにつるんとした素材のカラフルなアクセサリーや、小さなおもちゃのようなパーツがはめ込まれた雑貨など、個性のある雑貨がたくさんあります。一番人気の合成樹脂のコレクションはリサイクルできる素材でできているし、全製造工程がエコフレンドリーというのも嬉しい！

外観

アクセサリー

リオのキリスト像置物とマラカナンスタジアムの置物

絵

リオのポン·ジ·アスーカルやキリスト像の置物はお土産に最適

写真たてなど

椅子や壁飾り

Pinkish
ピンキッシュ

雑貨
Rua Monte Alegre,523-coj.111
Perdizes

ブラジル駐在仲間に教えてもらったお店。日本人の間で一気に広まり大流行しています。シルバーカトラリーにワイヤーで様々な色のビーズパーツがとめられていて、日常使いにもおもてなしにも活躍する実用的な可愛さが人気です。日本にいる友人の結婚祝いにこのカトラリーを送ったら喜んでもらえました。私はメガネチェーンを愛用中。さりげなくリオのキリスト像のパーツがついています。お店はビルの一室なので、下のインターホンを鳴らして入ります。支払いはカードが使えず現金のみなので注意!

Atelier Hideko Honma
アトリエ ヒデコ ホンマ

食器
Rua Pintassilgo, 429 Moema
http://www.hidekohonma.com.br/

ここは日系の陶芸家、ホンマヒデコさんのお店。彼女が作る食器は非常に人気で、サンパウロの多くの高級レストランで使われています。つまり、和食だけでなく、あらゆるジャンルのお料理を美しく見せてくれる食器なのです。ブラジルの土や草木を原料に作られる作品はどれもどっしりとした存在感があってブラジルの大地を感じさせます。釉薬《ゆうやく》にバナナの灰なども使っているんです。白、茶、緑、青などの色味が中心で、私は中でも深みのあるブルーの食器の虜《とりこ》です。値段は少々高めですが、数百円のものから数万円のものまで幅広く販売されています。

Vila Madalena

ヴィラマダレーナ地区

地区の雑貨店

ブラジルの代官山と言われるVila Madalena。
ここを歩くと小さくて可愛い雑貨屋にたくさん巡り合えます。ブラジルらしいカラフルな小物や個性のある民芸品があります。

雑貨屋　projeto TERRA

雑貨屋兼カフェのLa da Venda

Barも多いVila Madalena地区

Como é a música brasileira?
ブラジルの音楽は？

リオデジャネイロに行くと必ず訪れるバーがあります。ボサノバが生演奏で聴けるところ、ヴィニシウス バー（Vinicius Bar）で、あの柔らかい風を感じさせるようなゆったりと心地よい音楽がいつもリオの思い出を美しく締めくくってくれます。

ボサノバはリオで生まれた音楽なだけに、まさにその風景の中で聴くのにぴったりなんですよね。お店はボサノバを愛する人や観光客でいつもいっぱいです。

ボサノバとともに、ブラジル音楽で有名なのは、やはりサンバでしょうか。リオのカーニバルの華やかさをそのまま届けてくれるような音楽は聴いているだけでＨＡＰＰＹになります。

そんな世界的に有名なボサノバやサンバですが、ブラジル人にとっては当然馴染み深いものであると同時に、少し食傷気味なのか、私のようにＣＤまで持って聴くなんていう人は非常に少ないです。意外ですが、むしろ好きではないという人にもよく出会います。

私の想像では、街ではサンバやボサノバがずっと流れていると思っていたけど、全然耳に入ってこないのです。みんなサンバが踊れるかというと、そんなこともなかったし……。これって、日本人といえば侍や忍者、「みんな着物で生活しているんでしょ」とブラジル人によく聞かれるのと同じくらいの典型的な勘違いだったみたい。

むしろよく耳にする音楽は、ブラジル生まれのほかのジャンルの音楽、例えばセルタネージョ Sertanejo というカントリーミュージックや ＭＰＢ（Música Popular Brasileira）というブラジルのポピュラーミュージック等のヒット曲です。

そのほかにもたくさんのジャンルがあって、地方によって人気のジャンルが異なっていたりして面白いです。いずれにしてもダンサブルでノリのよい曲が多いので、曲が流れてきただけで、その場にいた全員が踊りながら歌い出しちゃうこともよくあります。

文字通り、「音を楽しませてくれる」ブラジル音楽は、まさに国民の元気の源。こんなに楽しくさせるブラジル音楽をみなさんにも聴いてほしいな。

Música Popular Brasileira

MPB

As nossas canções

アス・ノッサス・カンソンィス

IVETE SANGALO

イヴェッチ・サンガロ

UNIVERSAL

MPB界の女王イヴェッチのロマンチックなバラードのコレクション。人気ドラマのテーマ曲も入っています。大好きな名曲"quando a chuva passar" クワンド・ア・シューヴァ・パッサールは聴き惚れますよ〜。

AO VIVO

アオ・ヴィーヴォ

Paula Fernandes

パウラ・フェルナンデス

UNIVERSAL

発売5か月で100万枚売れたCD。カントリーミュージックというジャンルのライブ盤です。ジャケットのアイドル風の姿からは想像できない低く安定感のある声が魅力。癒されます。

・タイトル
・アーティスト名
・レーベル名
・おすすめする理由
の順に書いてます。

おすすめの CD

Bossa Nova
ボサノバ

WAVE
ウェイブ
ANTONIO CARLOS JOBIM
アントニオ・カルロス・ジョビン
A&M

これは渡伯前に日本で買った初めてのブラジルCD。「ボサノバの神様」と言われるジョビンの代表作が詰まっています。まさにブラジルのゆったりした空気が感じられ、耳に心地よいインストゥルメンタル作品。家でずっとかけっぱなしにしています。

BOSSA NOVA YORK
ボッサ・ノヴァ・ヨーク
SERGIO MENDES TRIO
セルジオ・メンデス・トリオ
UNIVERSAL

NYで録音された、ボサノバの名曲がジャズにアレンジされたアルバム。最高にお洒落です。夜お酒を飲むときなどにもおすすめ！

Samba
サンバ

SAMBAS DE ENREDO 2012
サンバス・ジ・エンヘド
いろいろ
UNIVERSAL

ブラジルでは毎年、カーニバルの各チームのテーマ曲を収録したCDが発売されます。これは私が見に行った2012年のリオのカーニバルのもの。聴くだけでも臨場感たっぷり、華やかで底抜けに明るい雰囲気が味わえます。

samba meu
サンバ・メウ
MARIA RITA
マリア・ヒタ
WARNER MUSIC BRASIL

国民的歌手マリア・ヒタが歌うサンバのCD。店員さん一押しだったので買いましたが大正解！　彼女のジャジーな美しい歌声がサンバをポップで洗練された感じに仕上げています。メロディーもとっても素敵です。

Minha escola de dança
ダンス教室

水着のところでちらっと書きましたが、私はこちらに来てからずっとベリーダンス教室に通っています。ブラジルで、なぜかベリーダンス。

というのも、私は日本でベリーダンスを習っていて、その先生に教えていただいたブラジル人カリスマダンサーLulu（ルル）の教室がたまたま家の近くにあったのです。さすが人気のあるスクールで、たくさんの生徒がいます。

数年前に放映された「O Clone（オ クローニ）」という平均視聴率が40パーセントを超えたドラマの主人公がベリーダンスを踊っていたこともあり、ブラジルでも大人気なのです。

この教室でブラジル人の様々な人とレッスンを共にしてきましたが、彼女たちはもう「生まれてすぐにダンスを踊ってきたの？」と思うくらい自然にカッコよく体が動き、抜群のリズム感を見せてくれます。

とりあえず音楽をかけたら適当に踊れる。この即興ダンスが私はすごく苦手なんですけど、ブラジル人はこれが得意なんですよね。やっぱりダンサブルな音楽で育っているとこうなるのかしら？　ブラジル人のリズム感とかダンスのポテン

今では気の置けない仲間

シャルはとっても高いんですよね。羨ましい〜！

ところで、最初はまったく言葉がわからなかったけど、ダンスに言葉の壁はありませんでした。お陰様でずっと楽しくレッスンに通い続けています。

いつの間にかここで友達がたくさんでき、交流することでブラジル生活がどんどん充実していきました。何よりいつも明るい彼女たちと一緒に踊っていると、日本と離れている寂しい気持ちも紛れるんです。このダンス教室、実は私のサンパウロ生活で一番大切な場所かもしれない。もはや欠かせない心のオアシスになっています。

発表会の様子

防犯のため、マンションの入り口は二重扉

自宅前の道

ブラジルの住まい・交通事情

Residência マンション事情

私が住んでいるのはパライゾ Paraíso という地区の住宅街にあるアパルタメント(日本でいうマンション)です。この地区には日本人駐在員が多く住んでいます。サンパウロの金融、経済の中心地であるパウリスタ大通りに近いので、レストランも多くスーパーマーケットもあり、生活するのに至極便利。

物件を選ぶにあたっては、安全な地区でセキュリティのしっかりしているところ、という点を重視しました。この国は本当に強盗が多いので、これが一番大事なのです。

駐在員はほとんどの人が一軒家でなくマンション型の部屋に住んでいます。これも防犯上の理由から。門番が24時間常駐しているし、あちこちに防犯カメラがあり、入り口の扉は二重、敷地の囲いの上に高圧電線と、セキュリティがしっかりしているのです。まあ、それでも門番を買収したり、車のナンバープレートを偽造したりして、結局強盗が入ってきてしまうこともあるのですが……。油断ならないところです。

私はブラジルに来て3年弱で最初に住んだところから引っ越しました。

サンパウロ住宅街

原因はお風呂場の水漏れです。隣の寝室の壁に水が染みてきて、乾かしても乾かしてもカビが発生し、大変なことに。何度か業者を呼んだけれどまったく直らず、きっと配管が問題だと、ついに壁を壊して大修理することになったので、これを機会に出ることにしました。

水回りトラブルはブラジルのマンションでは非常によく聞く話です。水回りでなくても、何かと修理で人を呼ぶことが多い。「もう、また修理か～」とだんだん面倒で放っておくことも。こうなるのはもともとの工事が適当なんじゃないかと私は疑っています（笑）。

ドアを閉めるたびに壁のペンキがはがれたり、引き出しが自然に開いたり、窓がぴったり閉まらなかったりと、聞くとほとんどのお宅でも何かしら問題や欠陥があるようです。

こんなふうに、完璧さは到底期待できないサンパウロのマンションですが、家賃だけはどんどん上がっています。需要がありすぎて、貸し主がかなり強気で値段を上げてくるのです。1年で10～20パーセント上がることもあるんですよ。

最近のニュースでは、その勢いは少し弱まったものの、相変わらずインフレ率を上回る上昇率なのだと伝えていました。確かに引っ越しで物件をいろいろ見ましたが、3年前は同じくらいの家賃だった物件がとても手が出せない値段になっていて驚きました。しかもちょっと迷っていたら、すぐに他の人が契約してしまったと連絡が入るような状況でした。というわけで、今回の物件も必死に探して勝ち取ったわけです。サンパウロでのマンション探しは大変です！

高級住宅街
Bairro nobre

日本ですっかり慣れたマンションという言葉を使ってしまいましたが、本当はブラジルで「マンサォン」というマンションに限りなく近い発音の言葉は「大豪邸」を意味します。街をドライブしていると、たまに大豪邸ばかりが建っているエリアに入ってしまってドキドキすることがあります。

例えばJardim Europa（ジャルジンエウロパ）という地区は大企業の経営者や政治家が多く住んでいるとても閑静な住宅街。木々に遮られて中は見えませんが、敷地面積は当然のように数百、数千平米。

また、サッカークラブ、サンパウロＦＣのホームスタジアムがあるmorumbi（モルンビー）地区も高級住宅街として有名です。ある銀行のオーナーが詐欺を働いて建てた「ブラジル一の豪邸」と言われた家もここにあります（結局その銀行は倒産し、彼は立ち退きを余儀なくされました）。

そのテレビの特集を見てびっくり！　建設費用１億４３００レ

高い塀の中を覗いてみたくなるような大豪邸が並びます

アル（約57億円／1レアル＝40円換算）。4100平米の広さの5階建ての家の中は、まるで美術館のように絵画や彫刻のコレクションが並び、屋上にヘリポートがある夢のような家。窓はすべて防弾で、防犯カメラは60台、45人のメイドを雇っていたといいます。

これは特別とも言えますが、高級住宅街にはそんな豪邸が並んでいます。でも一本の道路を隔てた反対側はfavela（ファベーラ）と言われる貧民街。それはあまりに対照的な光景で、ブラジルの抱える問題が浮かび上がっているというか、私には皮肉っぽい景色に見えてしまうのでした。

coluna: 通貨について（レート、両替所など）

ブラジルの通貨単位はレアルReal（ヘアウと発音）。複数形はヘアイスReais です。通貨の補助単位はセンターボCentavo。複数形はセンターボスCentavos。100centavos＝1real です。

紙幣は2、5、10、20、50、100レアル紙幣があり、硬貨は1レアルと1、5、10、25、50センターボ硬貨があります。

両替所（カンビオCambio）で日本円を両替できるところもありますが、手数料がけっこうかかるので、米ドルから両替したほうがよいです。また、よく言われているのは、「ブラジルでは現金を両替するよりもクレジットカードの海外キャッシングを使ったほうがお得」だということ。ATMは街の至る所にあるので、現金が必要になる度（タクシーや地下鉄など以外、あまりそういう機会はないと思います。ほとんどクレジットカードで支払い可）にそこでちょこちょこ引き出す方法がおすすめです。

レアルと円の為替レートはここ3年住んでいて（2013年現在）、ほぼ1レアル＝約40円～50円で推移しています。でも2007年には1レアル＝70円近くとかなりのレアル高だったこともあり、当時はすべてが異常に高く感じて買い物が大変だったと日本人の駐在仲間が言っていました。それに比べたら現在は安定しているかな。

両替所

Visinhança

ご近所付き合い

子どもが生まれてから、ベビーカーを押して近所を散歩するのが日課となりました。そうやってアパルタメントを毎日出入りしているうちに、なんとなく挨拶し合う知り合いもそれなりにできました。

ただ、残念なことになかなかブラジル人の〝ママ友〟ができません。というのもブラジルの女性はほとんどみんな子どもをベビーシッターに預けて働いているんですよね。共働きの夫婦が多く、専業主婦というのは非常に稀《まれ》です。なので、私のように平日の日中ベビーカーで散歩しているのはベビーシッターばかり。白い上下の制服を着ているので一目でわかります。

日本人駐在員のご近所ママ友はたくさんできました。私の住むパライゾ地区だけで数十人くらい知り合いがいるほど、ここは日本人が多い。散歩していたらよく出会うし、お互いの家を行き来したりと、今まで日本にいたときの私にはまったくなかったような濃いご近所付き合いをさせてもらっています。

私が道で転んで骨折してしまったときは、お友達が息子を代わりに散歩に連れて行ってくれたりお風呂に入れてくれたり、ごはんを作って持って来てくれたりしたんです。涙が出るほど心に沁みたし、何より本当に心強かった。ブラジルという日本の反対側で日本人同士、支え合って（私は一方的に支えてもらってばかりですが）生活しています！

息子とお散歩中

ペットケア ホテル

友人のペットもほとんどが犬

ペットショップ ホテル

Animais
ペット事情

日本人のお友達もけっこうペットを連れてきたり飼ったりしているんです。犬、猫、半々くらいかな。うちではペットは飼っていませんが、こちらではペットホテルも病院も充実していて、飼いやすいと聞きました。

ブラジル人に関しては圧倒的に犬を飼っている人が多い。お友達も8割くらいの子が犬を飼っています。猫を飼っている人はなぜか少数派なんです。これまで住んでいてたったの2人しか知りません。

お散歩中の犬には毎日出合えるけど、野良猫や飼い猫には滅多に出合えないサンパウロ。猫好きの方にはちょっと寂しい所かもしれませんね。

Um inseto assustador

悩ましくてちょっと怖いブラジルの虫

ブラジルといえばアマゾンのイメージがあるせいか、見たこともないような虫がたくさん出そうですよね。大都市のサンパウロに住むとはいえ、私も覚悟して来ました。ヤモリが洗面所にいたときは相当驚いたけど、まあこれは日本でもあり得ますよね。

あり得ないといえば、cupim(クッピン)です。クッピンはサンパウロの春の風物詩ともいえる、春を告げる虫です。こう書くとちょっと風流な虫みたいですが、実はかなり厄介な輩《やから》なのです。

彼らは風の強い日の夕方、集団で飛んできて開いている窓から部屋に侵入し、好物である木製の家具の中に入り込み、中がスカスカになるまで食い荒らしてしまうのです。羽アリのような姿をしていて、家具に入り込む前に、その羽を落とすんですって。

私の家でもその羽だけが床にいくつか落ちていたことがあり、どこに行ったんだろう？と恐怖しました。幸い家具は今も崩れることもなく無事ですが、被害に遭ってしまった友人もいます。一度入ってしまったクッピンを駆除するのも相当大変なようで、もう、この時期は誰かが「クッピン大騒動」で疲れ果てています。

もちろん家具だけでなく、街路樹なんかにも入って食い荒らしてしまうので、強風が吹いたときにいきなり大木が倒れることがあります。これは被害者が出たりするから本当に困る！

これがサンパウロの一番怖い虫です。

タクシー乗り場とタクシー

こんな長いバスもあります

Transporte em São Paulo
サンパウロ交通事情

子どもが生まれてから移動は専《もっぱ》ら歩きか車になってしまいましたが、サンパウロはバスや地下鉄など公共交通機関が発達していて割と便利です。

ただ、安全のためにバスは避けたほうがいいと言われています。バスに銃を持った強盗が乗り込んできて乗客全員から金品をあっという間に奪い去るという事件が頻発していた時期もあり、私は巻き込まれたくないので乗らないようにしています。日本人だけでなく、ブラジル人の友人たちも、バスはやっぱり強盗が怖いと言って利用していません。

地下鉄はその点大丈夫ですけど、ぶつかったふりをしてお財布を盗むなどのスリが多く、乗るときはちょっと注意が必要かな。危ないエリアや駅があるし、前提として日本のすごく安全なバスや地下鉄、電車とは違うので、ブラジルに来たばかりの人や旅行者にはあまりおすすめしません。

タクシーは比較的安心です。目的地の住所さえわかれば、ブラジルが初めての人でも大丈夫です。料金は日本より安いし（初乗り料金が4・10レアル≒200円くらい）運転手はだいたい陽気で優しいので言葉ができなくても臆せず乗れます。街を流しているタクシーはほとんどがメーター制です。

以前、突然の大雨でずぶ濡れになって捕まえたタクシーでは、「かわいそうに、風邪ひいちゃうよ」と猛スピードで家まで飛ばしてくれました（ちょっと危険だった……）。

また、運がいいのかもしれませんが、たいてい自分が思い描いていたルートよりよっぽど早いルートを選んでくれたりと、道に詳しくなかなかプロフェッショナルです。問題なのは渋滞かな。サンパウロの渋滞はひどく、夕方などの混む時間帯は、いつもなら5分で行ける区間が30分かかるなんてこともしょっちゅうあります。

普通の住宅街の道も渋滞するのは日常茶飯事

タクシーの色は基本的にサンパウロが白、リオデジャネイロが黄色です。通りを走る自家用車は黒やグレーが多く、なかなか白い車が売れなかったようですが、タクシーの色という認識だったからだそうですよ。近年ようやく白い車も見かけるようになりました。
私は普段は歩くことが多く、買い物もひとりランチもなんでも近場ですませてしまいます。ただ、交通マナーがひどい上に排気ガスも強烈、歩道はガタガタ、段差に穴だらけなのでこちらも要注意です。サンパウロは大都会ですが、こうやって書いてみると、移動という基本的な部分に難ありで、やっぱりまだまだ発展途上にあるなあと思います。

公衆電話はその外観から「大きい耳」という意味のorelhão（オレリャウン）と呼ばれています

パウリスタ大通りの信号機

サンパウロの晴天

突然のスコールも市民は慣れっこ

Clima do Brasil

南国？　ブラジルの気候

ブラジルは非常に広い国なので、気候は熱帯から温帯まで場所によって様々です。赤道が通っている北部は熱帯。常夏のビーチリゾートがあったり、熱帯雨林のアマゾンもこのあたりです。対照的に南部は雪が降ることもあります。私はサンパウロに来る前はブラジルといえばどこも暑いイメージを持っていたので、実際に住むとそうでもないことに驚きました。

　ブラジル南東に位置するサンパウロは、日本と同じ温帯、もしくは亜熱帯に属すると言われ、四季があります（※少し東にあるリオデジャネイロは亜熱帯です）。海抜800メートルの高地にあるので、夏は日本ほど暑くなく、冬はかなり寒くなります。

　さすがに摂氏0℃以下まで下がることはないけれど、最低気温が一桁になることもよくあるのです。ブラジルでは暖房設備がついていないのが普通なので、体感温度は東京の冬より低い気がします。

　とはいえ、次の日は夏のように暑くなったり、気温差が激しいのが特徴です。年間を通して気温差が大きく、さらに一日の中でも四季があると言われるほど気温が大きく変化するので、私は来てすぐの頃、よく体調を崩しました。そういう日本人はすごく多いです。

　イメージしていたブラジルらしさを感じるのは、夏のスコール。ほとんど毎日、夕方は激しい雷雨となります。雹《ひょう》が降ることも！　日本でも増えている短時間集中豪雨と同じですね。でも日本と違うのは、大都市なのに排水がうまく機能していないこともあって、いつもあっという間に道路が水浸しになる点。しかもサンパウロ市内は坂が多いので、水が滝のように流れ、道に出してあったゴミ袋なんかも流れ、それが川に流れ込んでゴミだらけになります。道路はもちろん大渋滞。洪水で死者が出たこともあったりと、被害は甚大です。外出中のスコールも嫌ですが、家にいてもよく停電するので大変です。

この時期はよくメールやインターネットができなくなるし、懐中電灯とロウソクの準備が欠かせません。

Fuso horário
日本との時差

ブラジルと日本の時差は12時間（日本が12時間早い）と、午前と午後を入れ替えるだけなのでとても計算しやすいです。ただ、ブラジルは南部だけサマータイムを採用しているので、その期間中（10月の第3日曜日から2月の第3日曜日。ただしこの日がカーニバルの場合は次の日曜日まで）はサンパウロを含めた南部は日本との時差が11時間となります。

夜は20時くらいまで明るくて、通りに面したお店でビールをおいしそうに飲む人たちの姿をよく見かけるし、危険なサンパウロもいつもより安全に見えます。ちょっと外でお酒を飲みたくなる、そんな期間です。

Os dois lados da Copa do Mundo
ワールドカップの光と影

２０１４年6月、サッカーワールドカップ（Ｗ杯）がブラジルで開催されることは、サッカー大好きな国民にとって最高にＨＡＰＰＹなこと。単純にそう思っていたのですが、実は現状はそうではありません。むしろ、「税金の無駄遣いだ！」と開催に反対する人も多いのです。コンフェデレーションズカップ（コンフェデ杯）前の２０１３年6月に始まったブラジル全土での大規模なデモはみなさんご存知でしょうか。このデモは、バスや地下鉄など、公共交通機関の運賃の値上げに端を発したもの。

サンパウロでは、例えばバスの料金が3レアルから3・2レアルに変わったのですが、たった0・2レアル（10円程度）の値上げが国民の政府への怒りを爆発させるのに十分でした。すぐに値上げは撤回されたものの、そのまま行政や政府そのものを批判するデモに発展し、全国１００万人規模のデモへと拡大したのです。その中で、Ｗ杯に反対するデモ隊も多くいました。彼らはスタジアムの建設などに巨額の資金が投じられていることに反発し、「誰のためのＷ杯だ！　そのお金を教育や医療に使うべきだ！」と主張。コンフェデ杯開催時はスタジアム前の主要道路を封鎖するなどして混乱が

copa pra quem? は「誰のためのワールドカップ?」という意味で、デモでよく目にする

起きました。

デモに参加した友人は「フェスタ（お祭り）は大好きだけど、もうそれよりも基本的で安定した幸せが欲しいんだ、ブラジルは変わらないといけないんだ」と言います。それほどブラジルの医療や教育、貧困問題など生活の根本的な部分に問題が山積しているのです。

フレッジ（Fred）、フッキ（Hulk）、ルイス（Luiz）やダニエウ・アウヴィス（Daniel Alves）などブラジル代表選手もこのデモへの支持を表明していたし、本当によりよいブラジルを作るために国民がついに立ち上がった！　という印象でした。

デモ隊は、基本はプラカードを持って行進するだけで穏健なのですが、中には破壊行動に出る暴徒もいて、警察もゴムの銃や催涙弾で対抗したりと危険な状況もありました。安全のため、日本人に対して領事館から「絶対に興味本位で近付かないように」と言われていたのでその場に行ったことはありませんが、テレビでものものしい様子が流れていて怖かったです。それから国が変わったかというとそうでもない……。

W杯は何事もないことを祈っています！

Como é a segurança?
治安は大丈夫？

ブラジルは日本で聞いていた通り犯罪の多い国でした。殺人事件は毎日のようにニュースで流れるし、レストラン強盗、マンション強盗、信号待ちの車を狙った強盗などが頻繁に起きています。

在ブラジル日本総領事館の資料によると、例えば２０１２年のサンパウロ州で起こった強盗事件は一日に約８２６件！で、サンパウロ市内での発生率はなんと日本の約４１４倍なのだそうです（２００９年のデータ）。驚きですよね。でも、納得！　だって今のマンションに引っ越してきてたった3か月のうちに、半径１００メートル以内の場所で知っているだけで既に3件も銃を使った強盗があったんですよ。平和に見える住宅街でさえ起こっているんだから、本当に油断なりません。

強盗にも流行りの手口があって、今多いのはレストラン強盗。アハスタゥン arrastão（残さず全部さらっていくという意味）と言われているんですが、強盗が銃を持ってレストランに入ってから10分もしないうちに客全員の携帯や現金を集めて去っていくという手口です。あっという間の犯行なので警察も間に合わないのです。

私もよく行くレストランでも何軒か被害に遭っているし、日本人の知り合いもけっこう事件に遭遇しています。とにかく抵抗せずにすべて差し出せば命を奪われることはないようなので、いつもそのように心づもりして出掛けるしかありません。最近は怖くて子どもを連れて夜レストランに行くなんてことはまったくしなくなりました。

日本人はブラジルで狙われやすいと聞きます。なぜかというと、現金を持っているから。ブラジルはクレジットカード社会で、ブラジル人は数百円のものまでクレジットやデビットで買

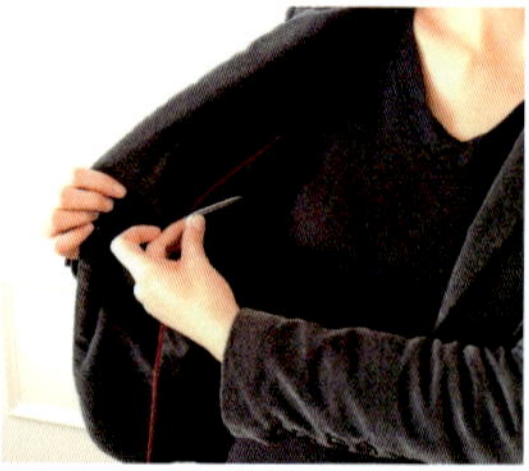

防犯対策でブラジル人もジャケットに内ポケットを作って身分証明書をお財布と分けて持ったり工夫している

うので現金はほとんど持ち歩きません。

私もそうすればいいんですが、日本にいた頃の習慣で、やっぱり現金がお財布に入っていないと落ち着かない。日本人はそういう人が多いのではないでしょうか？　それを強盗も知っていて狙ってくるみたいです。

よく言われるのは、強盗に狙われたときに渡すお金がないと逆上されて殺されるかもしれないので、200レアルくらい（約1万円）は常に持っていたほうが安全だということ。変な話ですが、とにかく命が助かるのならそうするに越したことはない、と私も実践しています。

また、裏の世界ではスマートフォンみっつくらいで拳銃1丁と交換できるシステムがあるらしく、強盗はとにかくスマートフォンをゲットしたいのだそうです。つまりスマートフォンを操作しながら歩いている人は狙われやすくなります。

それにしても、4年近く住んでいてサンパウロの治安は悪くなる一方です。やはり世界一とも言えるブラジルの貧富の差が改善されないことには解決しがたい問題ですよね。

国内あちこちにあるファベーラと言われる貧民街にはマフィアがいて、麻薬や銃が出回り、犯罪者も逃げ込みやすい……。まるで映画の世界みたい。一概にここが原因とは言えませんが、貧民街がなくならないかぎり、犯罪は減らないだろうなと思います。

リオデジャネイロでは警察による麻薬組織の掃討作戦も行なわれましたが、その組織がサンパウロに流れてきたなんて噂もあります。一体国がどうやって解決していくのか見ものですが、とにかく治安をよくしてほしいと祈るばかりです。

こうやって書くと「ブラジルなんて怖くて行けない！」と思う方もいるかもしれません。でも安全な日本とは違う、という緊張感を持ち、危険な場所に近づかなければほぼ大丈夫。

注意するべきは、「ブランドものを持って目立たないこと」「通りで財布やスマートフォンを見せないこと」「周りをキョロキョロして警戒している素振りを見せること」「外出は早朝や暗くなってからは避けること」。普段私が心掛けていることです。これらに気を付けたうえでブラジルを楽しみましょう！

ファベーラ

Como é limpeza?

トイレなどの衛生面

衛生面は、日本と比べてかなり劣ります。住宅街などでは各マンションの清掃人が道を水で洗い流してくれますが、そのほかの道は基本、ゴミが落ちていたり、汚いです。お手洗いは場所にもよりますが、やはり汚いところが多いです。それに、私が一番抵抗があるのが次のこと。

「ブラジルでは基本的に使用済みトイレットペーパーをタンクに流してはいけない！」

びっくりしました。便器の横に置いてあるゴミ箱に捨てるのです。理由はトイレットペーパーが水に溶けないタイプだからとか、水流が弱いからとか、下水浄化システムがない地区があるからなど、いろいろ言われているんですが、とにかく流してしまうと詰まります。これは空港のお手洗いでさえもそうです。

ちなみに比較的新しいマンションでは新型の設備のためか流せるようになってきています。早くすべてのお手洗いがそうなればいいのになあ。

公園の公衆トイレ。こちらは外観はキレイだけど……

Dicas para visitar

2

見逃せないおすすめスポット

友人や近しい人がブラジルに来たら、どう観光のアドバイスをするかな、どこに案内するかな……。この章では、そんなふうに考えて私なりにおすすめしたいブラジルの代表的な観光スポットと、サンパウロの名所、レストラン、ホテルなどをガイドします！

極私的「観光の見どころ」

São Paulo
サンパウロ

自然がいっぱいというブラジルのイメージとは真逆の、高層ビルが林立した大都会です。人口は1100万人を超える（2013年は1182万人 IBGE＝ブラジル地理統計院）南米最大の都市であり、ブラジルの金融、経済、文化の中心地。近郊都市も含めた39都市からなる「大サンパウロ圏」は人口約2000万人、世界で4番目に大きい都市圏です。

その大都市の雰囲気を味わうためにも、是非「パウリスタ大通り」を歩いてみてください。銀行やたくさんのブラジル企業、各国のオフィスビルが建ち並び、平日はビジネスパーソンであふれかえっています。高層ビルや人の数には圧倒されますが、多くの人が明るい表情を浮かべて歩いている様子には、発展中の国ならではの元気な勢いが感じられます。

ブラジル人はいつものんびりと人生を楽しんでいる、と言われますが、パウリスターノ（サンパウロっ子）は別。日本と同じように夜もほとんど眠らず仕事に没頭する人たち、いわゆる「仕事人間」が多いのだとリオ出身の友達が嘆いていました。

パウリスタ大通りはデモの中心地でもあり、いつもここが起点になります。また、世界最大規模のゲイパレードが行なわれたり、クリスマスにはビルに趣向を凝らした豪華な飾り付けが

クリスマス名物、Itau銀行の飾りつけ

クリスマスにはメルヘンチックな歩道橋が現われます

道路標識

パウリスタ大通りのゲイパレード

高層ビルが林立する大都市サンパウロ

されたりする、あらゆる分野における発信地でもあります。

実はこれといって観光名所がないサンパウロなのですが、一番の魅力はその「多様性」だと思います。とにかくいろいろなものがごちゃ混ぜになっているというか、なんでもあるのがすごいところ。

例えば「人」がそう。サンパウロという都市は、ヨーロッパ、アラブ、アジアの国からと、世界中の移民が集まった人種の坩堝《るつぼ》です。今では混血も進み、肌の色、目の色、髪の色が人によってそれぞれ異なり、もはや自分のルーツがわからなくなっている人も少なくありません。差別もなく、人種を超越していろいろな人と仲よくなれる楽しさがあります。「食」の分野でも移民の影響で各国の味が、屋台のようなお店から最上級レストランまで揃っているし、買い物も激安問屋街から高級デパートまで幅広くあります。

また、約１００年前に特産品のコーヒーを輸出して経済が潤った〝コーヒー景気〟の時代に貴族の素晴らしい大邸宅が並んでいてそれはそれは美しい街並みだったそうですが、それをほとんど残さず、なんの変哲もない雑居ビルに建て変えてしまっている潔さがおもしろい。それでも所々に歴史的建造物が残っていて、その統一感のなさがまたサンパウロらしいなと思うのです。

とにかくこの都市では多様であることが当たり前。なんでも受け入れてくれる懐の深さがあると思います。日本人である私も自然に受け入れてもらえてとても居心地がよい。外国人であることにまったく引け目を感じず暮らせる都市なのです。

美しい弧を描く全長約3キロのコパカバーナ海岸

リオデジャネイロ
Rio de Janeiro

人口約６４０万人（２０１３年ＩＢＧＥ）、リオデジャネイロ都市圏の人口は１０００万人超。サンパウロに次ぐブラジル第二の都市です。１９６０年までブラジルの首都でした。ちなみに現在の首都はブラジリアです。

ここはコルコバードの丘のキリスト像や美しいビーチなど見どころがたっぷりある観光都市です。数年前までは治安が悪く、かなり危険な都市とも言われていましたが、２０１４年のサッカーＷ杯、２０１６年のオリンピックの開催が決まり、多くの観光客を引き受けるため、インフラの整備として道路を工事したり犯罪組織を一掃したりと、安全で観光しやすい街へと変わってきています。海や山などの自然に恵まれた最高に気持ちのいい街。眩しいくらいに空の色も花の色もくっきり明るく、高層ビルだらけのグレーなイメージのサンパウロとはまったく別の魅力のある都市だと思います。

一番の魅力はなんといってもビーチ！　ボサノバの名

曲「イパネマの娘」の舞台であるイパネマ海岸や、全長3キロもあるコパカバーナ海岸など、白い砂浜が続く広々とした景色は本当に楽園のよう。こんな美しい海を前にして仕事ばかりしていられない、というカリオカ（リオに住む人のこと）の気持ちがわかります。みんなビーチに寝そべったりフットバレー（足を使ったビーチバレーのこと。世界大会もある）をしたり、海岸沿いの道を走ったりサイクリングしたり思い思いに海を楽しんでいます。観光ではなく、生活の一部となっているカリオカが心底羨ましいです。

　リオの景色を満喫するなら、コルコバードの丘とポン・ジ・アスーカルに登りましょう。

　コルコバードの丘は海抜709メートル。その頂上にリオのシンボル、巨大なキリスト像が建っていて、街のどこからでも見えるようになっています。この丘へ向かう登山電車（トロッコ）はいつも非常に混んでいます。直接行

多くの人でにぎわうイパネマ海岸

くと数時間待つことも当たり前。ですので、是非こちらのサイトで事前にチケットを購入しておくことをお勧めします。

「Trem do Corcovado」

http://www.corcovado.com.br/

購入したら、予約番号を伝えるだけでトロッコに乗れます。

私は2回とも当日券で3時間待ちましたが、いざ登ってあの眼下に広がる景色を眺めると、疲れなんか完全に吹き飛んでしまいます。海岸と都市と緑のバランスが息を呑むほど美しく、「ああ、リオはこのキリスト像に守られているんだなあ」と幸せで穏やかな気分になるんです。

コルコバードの丘

ポン・ジ・アスーカルに登るロープウェイ

ポン・ジ・アスーカルからの眺め

もう一つの絶景はポン・ジ・アスーカル（海抜３９６メートル）という奇岩からの眺め。ここへはふたつのロープウェイを乗り継いで辿り着けます。かなり高い場所を通るため個人的にはこのロープウェイが怖くて怖くて仕方がなかったのですが、それを我慢しても行く価値がある！ 素晴らしい景色が待っています。特に夕方日が沈む頃の景色がおすすめです。空が夕焼けでグラデーションになり、街の灯りがつき始め、海面が黄金色に輝いて遠くにキリスト像が見える様子はなんとも幻想的で、「こんな景色まで見られるリオってずるい！」と思ってしまいます。

リオのカーニバル、熱気と人の多さは圧巻

そして忘れてはならないのが「カーニバル」ですよね。

私もブラジル在住3年目にして初めてリオのカーニバルを見に行きました。それはきらびやかな世界で夢の中の出来事のようでした。派手な衣装に趣向を凝らした山車《だし》、大音量で流れるノリノリのサンバ！ 楽しくないわけがありません。一番驚いたのは人の多さ。カーニバル出場者はもちろん、観客もすごい数なのです。10万人近く収容できる会場がほぼ満席状態でした。

私は立ち見席だったんですが、うっかり場所を離れ、帰ると席がなくなってしまうほどのぎゅうぎゅう詰め状態。おまけに真夏で暑いし、カーニバルは明け方まで続くしで……へとへと～。でも会場全体がひとつになって踊っている高揚感は最高に楽しかった。嫌なことも全部忘れちゃった！ それほど、リオのカーニバルには強烈にＨＡＰＰＹなパワーがあったのでした。

Foz do Iguaçu
イグアスの滝

ブラジルとアルゼンチンにまたがるイグアスの滝は世界三大瀑布《ばくふ》の一つ。世界自然遺産のイグアス国立公園にあります。ここは私にとって日本から来た家族や友達を連れて行きたい観光地№1です。

治安も悪くないし、サンパウロから飛行機で約1時間半とあっという間に着くのもよいところ。私は実際に父を案内しましたが、ここの大自然がブラジルの一番の思い出になったと感激してくれました。

イグアスの滝はブラジル側から見るのとアルゼンチン側から見るのと、ふたつの楽しみ方があります。私は1泊して初日にブラジル側から、次の日にアルゼンチン側からと分けて観光しました。

約4キロにわたって約275もの滝が

ブラジル側から見た壮大な景色

ハナグマは純真な顔をして私たちの食べ物を貪欲に狙ってきます

集まっており、最大82メートルの落差がある滝もいくつかあります。ブラジル側からは滝の全体像が見られ、滝がいくつも連なる広大な景色を眺められるので、規模の大きさを実感できます。

遊歩道を歩いて滝のすぐ近くまで行くこともできるし、鳥やハナグマなど動物たちにも出合えるんですよ。普段こんなにも広い自然の中にいることなどないので、かなりワクワクします。おすすめはボートに乗って滝の下を通過するアクティヴィティ。これはポンチョを着てもまったく役に立たず、全身びしょびしょになるのですが、スリル満点だし大自然と一体化できる感覚でかなり盛り上がります！　だけど不幸な事故で死者が出たこともあります。こうした確率は低いのですが、おすすめしておきながらも、リスクがあることはみなさん是非知っておいていただきたいと思います。

虹がかかるとより神々しい景色に

水量の多い12月

ボートツアー こんな滝に突っ込みます！

アルゼンチン側　悪魔の喉笛（3月）
水量少な目、天気がよい日

悪魔の喉笛に向かう遊歩道

ブラジル側だけでも十分といえば十分ですが、余力があればアルゼンチン側の「悪魔の喉笛」にも行ってほしいです。これはいくつもある滝の中でも最大のもので、非常に水量が多く、恐ろしいほどの轟音で（これが名前の由来です）流れ落ちていく滝なのです。それを間近から見下ろせるようになっています。

1度目は12月の天気が悪い日に行ったので、（12月から2月が雨季で水量が多い時期です）ただごとではない恐怖の光景でした。

ここに来たこと自体がむしろ罰ゲームみたい。あまりの迫力に思考停止。凄まじい威圧感に、完全に圧倒されました。「地球にはこんなにすごい場所があるんだ！　私、そんな地球に生きているだけですごいよ！」と世界観が変わっちゃいました。

ちなみに3月に行ったときは天気もよく、そこまでの恐怖は感じなかったのでご安心ください。雨季以外は全体的に穏やかな景色なので、癒しの旅を求めるならこちらがおすすめ。でも、迫力を求めるならやっぱり雨季を選んでくださいね！（注・水量が多すぎてツアーが中止になる場合もあります）

サルバドール旧市街

トメ・ジ・ソウザ広場のリオ・ブランコ宮殿

Salvador
サルバドール

人口約２８８万人（２０１３年ＩＢＧＥ）、観光や農業が中心。旧市街（サルバドール・デ・バイーア歴史地区）は世界文化遺産です。

この都市の魅力は、「異国情緒」。ブラジルで異国情緒というのも変ですが、旧市街を歩くとブラジルではなく、まるでヨーロッパのような街並みなのです。石畳にパステルカラーの可愛い家々が並び、バロック建築の教会がたくさんあります。そして、出会う住人たちはほとんどがアフリカ系や混血です。ヨーロッパ系住人が多いほかの都市とは異なります。

ここは１５４９年にポルトガルがブラジルを植民地として統治する総督府を置いて以来、２１４年間首都として栄えた都市。その間砂糖産業で繁栄するのですが、労働力としてアフリカから大量に黒人奴隷が連れて来られ、奴隷貿易の中心としても賑わいました。今もほとんどの住人がそのときの子孫なのだそうです。

街には奴隷市場だった建物が現存し、拷問道具が残されていたり、つらい歴史が至る所に刻まれていて悲しくなる

旧市街下町地区のメルカド・モデーロは民芸品市場。この地下には奴隷たちが収容されていた

旧市街は上町と下町に分かれていて、後ろのエレベーターで移動する

のですが、救いなのは黒人たちも負けてばかりではなかったこと。サトウキビ農園で看守に見つからないよう、ダンスに見せかけながらいつでも戦えるようにカポエイラという格闘技を練習していたといいます。また「黄金の教会」と呼ばれる金の装飾がまぶしいサン・フランシスコ教会は、建設労働を強いられた奴隷が反抗の意思として、天使の顔をちょっと変に描いていたりする。

　そして、素敵なことに、彼らが持ち込んだアフリカの文化がこの土地の文化と混ざり合い、音楽や料理など素晴らしいものを生み出しています。このサルバドールのカラッと澄んだ青い空と美しい海に、決して希望を失わせない力があるに違いないと感じました。

　訪れてほしい名所は、ボンフィン教会。カラフルなフィタ（リボン）が売られていて、それを手首に巻いてお祈りすると、フィタが自然に

サン・フランシスコ教会の内部は、豪華絢爛

ボンフィン教会前　みんなフィタを手首に巻いたり柵に結んで帰る

切れたときに必ず願いが叶うと言われています。そう、ミサンガの一種なんです。フィタはカラフルで可愛く、サルバドールのお土産の象徴なのです。今回のブラジルW杯の公式ボールbrazuca（ブラズーカ）はこのフィタにインスパイアされたデザインなのですよ。

ボンフィン教会の一室には天井から手や足など体の部位のプラスチック模型がたくさん吊り下げられ、壁一面に写真が貼られています。何も知らないとちょっとギョッとする光景ですが、これらはこの教会でお祈りした結果、病気や怪我が治ったという報告で、模型は治癒した身体のパーツなのだそうです。多くの人の願いを叶えてきたことから、「奇跡の教会」と呼ばれています。サルバドールの人達の真摯な祈りが感じられたとても神聖な場所でした。

静かな祈りに満ちたボンフィン教会の内部

サルバドールは現在、ゆったりのんびりした明るい時間が流れていますが、その歴史は陰影が濃く、いろいろな人の思い、特に黒人の思いやパワーが強く伝わってくるところです。そういう意味でここへの旅行は非常に心に残りました。

提灯形の街灯が連なる

リベルダージのマクドナルド

リベルダージにあるBradesco銀行
(ブラデスコ銀行)はお城の形

サンパウロのおすすめスポット

Liberdade
リベルダージ(東洋人街)

ここは、まるで日本の商店街のようなところです。メインの通りに赤い鳥居があったり、街灯には提灯が使われていて、いかにも「日本」らしい風景で懐かしい感じがします。お店は日本食レストランや日本食材店が多く集まっているので、サンパウロに住む日本人が足繁く通う場所です。お米や豆腐、醤油等調味料、日本のお菓子など、だいたいなんでも揃います。ただし値段は日本の倍くらいします。海外経験が長い友達に聞くと、どの国よりも日本食材が揃っているのだとか。さすが、日系人が約100万人も住んでいるサンパウロです!

ただ、食材やお店など、だんだん韓国のものが増えてきている実感があります。この街の名前も、もともと「日本人街」でしたが、その後中国人や韓国人の移民もたくさん入ってきて彼らのお店も増えたことで、「東洋人街」と改名されているのです。そこは少し残念な気がしますが、とにかくここがブラジル人にとっても大人気の場所なのは嬉しいかぎりです。

休日ともなると、特に若者で賑わい、日本食材店や日本のラーメン店には長蛇の列ができ、道も非常に混雑するほど。ブラジルでのオリエンタル人気の様子が垣間見えます。

ブラジル日本移民資料館
Museu Histórico da Imigração Japonesa no Brasil

ブラジルに住むからには、日本とブラジルの関係について、特に日本移民について学んでおきたい。それには本を読むのもいいけれど、まずここを訪れてみるといいと思います。

１９０８年、笠戸丸に乗ってサントス港に上陸した第一回移民に始まる移民の歴史をたくさんの模型や写真とともに教えてくれます。移民たちの生活は非常に過酷だったと聞いていましたが、実際は想像以上のものでした。

例えば一番衝撃を受けたのは移民の方が住む場所にいた生き物の剥製の展示。毒ヘビ、アルマジロ、カピバラ、ワニなど。時には貴重なタンパク源として食していたのだそうです。それに、巨大なヘビ、アナコンダに子どもを食べられてしまう悲劇もあったそうですし、想像を絶する世界で生活されていたことがよくわかります。

それでも遠く離れた日本の家族にお金を送るために、様々な工夫をして荒地を拓き血のにじむ努力を続けた。日本人はどんな荒地も畑に変えてしまったので、現地の人から「土の魔術師」と呼ばれていたという事実に感動しました。

そして、日本人の勤勉さ、誠実さはブラジ

日本移民史料館

イビラプエラ公園前のバンデイランテス（奥地探検隊）像

ルで好まれ尊敬され、農業だけでなく、ビジネスなどの様々な分野でも成功し、現在のブラジル社会での日系人の活躍に至るのです。

また、もう一つ驚いたのは、戦後日本とブラジルは国交を絶たれていて、ほとんどの日系移民が戦争に勝ったと信じきっていたこと。敗戦の真実を知る人たちと抗争があったという悲しい事実を初めてここで知りました（これは『汚れた心』という２０１１年制作の映画にもなっています）。

すべての展示を見終えると、日本から遠く離れた土地で、移民の皆さんがどんなに日本を愛し、恋しく思いながら頑張って生活していたかがわかり、胸が締め付けられる思いがします。それから、今、ここで日本の野菜や果物などが手に入ることを当たり前のように享受していたけれど、それはこの土地で苦闘して作ってくれた移民のみなさんのおかげ。感謝の気持ちを忘れずに生活すべきであることをあらためて教えてくれた移民資料館は私にとってとても大切な場所です。

イビラプエラ公園
Parque do Ibirapuera

サンパウロ市民の憩《いこ》いの場である緑あふれる公園。１９５４年のサンパウロ創立４００年を記念して、ブラジルの有名建築家、オスカー・ニーマイヤーと造園家のブーレ・マルクスの設計で造られました。

緑あふれる市民の憩いの場

　160万平方メートルもある広い敷地内には大きな池や体育館のほか、美術館、日本庭園、サンパウロビエンナーレの会場など、文化的な施設もたくさんあります。そういうところを一つ一つ訪れるのも楽しいのですが、ただ公園内をひたすら散歩するだけでも素敵な時間を過ごせます。

　南国の強い日差しを浴びて大きく育った木や美しく咲き誇る花など、植物の力強い生命力を感じながら歩くのは最高のリフレッシュになります。みんなそれぞれランニングをしたり、サイクリングやローラーブレード、バスケットボール、カポエイラなど好きなことをして楽しんでいます。

　サンパウロは自然が少ないので、知らないうちにどんどん疲れがたまってきてしまう。東京などの都市と同じですよね。だからこの公園には割と定期的に通ってパワーを充電しています。パウリスタも週末ごとに訪れている感じです。私たちに必要不可欠なサンパウロのオアシスです。

Museu de Arte de São Paulo

サンパウロ美術館（MASP）

MASP外観

パウリスタ大通りで面白い外観の建物を見つけたら、きっとそれはサンパウロ美術館です。4本の赤い柱が建物を持ち上げている、その形もすでにアートで目立っています。MASPと略して「マスピ」とみんな呼んでいます。

中南米最大の美術館と言われますが、私は美術館といえばヨーロッパやアメリカという先入観が強く、サンパウロ美術館にはまったく期待していませんでした。でも、入ってみるとそのコレクションの充実ぶりに驚きました。エル・グレコ、セザンヌ、モネ、ゴッホ、マティス、ピカソなど世界的画家の傑作が並び、中世から現代までの各時代の様々な地域（もちろん南米も！）の絵をコンパクトに堪能できるのです。

もともとこれらの絵の大部分はアシス・シャトーブリアンという第二次世界大戦前後にメディアの世界で大活躍した「ブラジル新聞王」と称された人のものでした。戦後の混乱で絵を手放す人が多く、こんなにも充実したコレクションになったとか。

じっくり観たとしても数時間で鑑賞できる規模と小さいのですが、ちょっと絵を観に行こうと気軽に行けるし、それぞれの絵を比較しながら観られるので、そのコンパクトさが逆によくもあります。割といつでも空いているので、まるで自分のコレクションのように贅沢に鑑賞できるのも嬉しいところです。

イピランガ独立公園
Parque da Independência

広さ18万4830平方メートルと広く開放感のある敷地。敷地内には迫力のある独立記念像とパウリスタ博物館があります。

独立記念像は1822年にポルトガルの皇太子で、初代ブラジル皇帝となるドン・ペドロ1世が「独立か死か！」とカッコよく叫び独立を宣言した有名なシーン（作り話との噂もあります）を再現したものです。かなり大きい像で見応えがあります。この像のすぐ近くにまさに独立宣言した場所であるイピランガの小川が流れているので、しばし歴史に思いを馳せられます。

この像の下にはドン・ペドロ1世と王妃（彼の最初の妻と2人目の妻）の遺骸があり、その近くまで入ることができるのですよ。この像とパウリスタ博物館の間が長く緩やかな坂となっていて、いつもスケートボードをやる若者でいっぱいです。ただし、両脇にある木々以外は日陰というものがない公園。真夏は強い日差しに気を付けてください。

独立記念像側からパウリスタ博物館を眺めた景色

イピランガ独立記念碑

Museu Paulista
パウリスタ博物館

　先住民の生活やポルトガルの植民地化、コーヒー生産による発展などブラジルの歴史をわかりやすく説明してくれる博物館です。個人的にはポルトガルの貴族が使っていた美しい陶器の展示に夢中になりました。

　それにしてもブラジルの歴史は日本と比べて非常に浅いですよね。ポルトガルの植民地から独立したのが１８２２年。そのせいでブラジル特有の文化もあまり育たなかったのか、そういった展示がほとんどないのがむしろ興味深いです。それなのに一気に発展して現在の勢いある姿になったのがこの国のすごいところだなとしみじみ思います。

　さて、この博物館で注目してほしいのは、美しい建物自体と広く整然としたお庭。なんとベルサイユ宮殿を模して造られたのだそうです。それが途中で建設費用が足りなくなり、完成予定とはだいぶ違うものになってしまったのだとか。ああ、ブラジルらしいエピソード……とはいえ本当に優雅で綺麗。ヨーロッパ風の美を堪能してください。

パウリスタ博物館の庭

パウリスタ博物館は2014年3月現在リフォーム中で閉鎖されています。
お出かけの際は確認してください。

お洒落なオープンカフェもある

「H. Stern」という宝石店　ブラジルは宝石の産地なので記念にジュエリーを買うのもよいかも

Rua Oscar Freire
オスカル フレイリ通り

ここはサンパウロで一番お洒落な通り、流行の発信地になっている場所です。サンパウロ一美味しいと言われるアイスクリームショップやカフェ、またブラジルを代表するブランドショップが並びます。ビーチサンダルのHavaianas（アヴァイアナス）、ゴムでできたおもちゃのようなキュートな靴が人気のmelissa（メリッサ）、世界的に人気のリオデジャネイロ発のファッションブランドOSKLEN（オスクレン）の店舗もあり、靴や服などのお土産を買うならこの通りで探すのがおすすめです。

私は買う予定がなくてもしょっちゅうここに出かけ、素敵な服や靴を試着してはテンションを上げ、結局買ってしまいます。この辺り一帯に美味しいレストランもあるし、カフェなど休憩する場所にも困らないのでゆっくりお買い物を楽しんでみてください！

「melissa」お店前のアーティスティックな展示がいつも話題になります

「OSKLEN」（リオデジャネイロ発のファッションブランド）

melissa（左）とOSKLEN（右）で購入した靴

カフェ・レストラン

Comer fora ブラジル食べ歩き

1章でも書いたように、サンパウロには各国料理のレストランがあります。

個人的にはどこを訪れても、日本で行ったレストランのほうがやっぱり舌に合うしコストパフォーマンスもいいなと思いますが、アラブ料理に関しては別！　サンパウロのアラブ料理のレベルはとても高く、こんなに美味しい料理なんだ、と初めて知りました。しかもかなり一般的に浸透していてデパートのフードコートにもよく入っています。

軽食の項目にも書きますが、エスフィーハ esfiha というアラブの惣菜パンはスーパーマーケットのお惣菜コーナーにも置いてあるくらいお馴染みの軽食で、ブラジルの伝統食だと勘違いしていたくらいです。

また、イタリア移民が多いサンパウロでは、ピザがおいしい！（パスタは茹《ゆ》で過ぎでおいしくないんですが……）ブラジル人が好きな料理は肉とピザだと言われています。どうりでお店はいつも混んでいる。ブラジル国内の食の宅配サービスシェア1位もピザなんです。レストランに迷ったら是非アラブ料理やピザを候補に入れてみてくださいね。

Limão...um ingrediente que não pode faltar
ライムは欠かせない

さて、ブラジルから帰国したらとてもサウダージ saudade（懐かしくて寂しく感じる）だろうなと思うのは、ライムの香りです。こちらでは、とにかくライム limão（リマォン）を多用します。その代表選手がカイピリーニャ Caipirinha。これはサトウキビの蒸留酒カシャーサをベースにライムと砂糖をた～っぷり入れて作るカクテル。ライムジュースのようなさっぱりした飲み心地で大好物です！　もう何杯飲んだことか。どのお店にも必ずあるし、ブラジル人のパーティーでもいつも自家製を用意してくれているほどポピュラーな国民酒です。

ほかにも炭酸水を頼むと必ず氷とライムを入れるかどうか聞かれるし、揚げものにかけたり、サラダにかけたり、ライムがあってこそのブラジル食だ、とよく思います。

ライムをたっぷり絞ったカイピリーニャ

フェイラでパステウを食べる人たち

Brasileiros gostam de salgados e doces.

軽食・間食大好きなブラジル人

ブラジルに来て、まず、すごいなと思ったのはみんなよく食べること。小腹がすいたら、三食の時間をきっちり守って我慢する、ことなくとりあえず何か食べる。だからなのか、手軽に食べられる軽食が充実している気がします。

ちょっとカルチャーショックだったのは、「よく食べるね〜」という言葉は友達にも禁句であること。別にネガティブな意味ではなくて、単に感心して言うにしてもです。「日本人にそう言われてショックだった」と告白されたこともあります。ブラジルでは食べたいだけ食べるのが当たり前で、他人の価値観で人の食べる量をコントロールするような言葉は絶対にＮＧなんですって。

それにしても、ブラジル人の自由な食べっぷりは羨ましく感じるほど。フェイラ（市場）の近くでは、買ったばかりのスイカを切ってかぶりつきながら歩くワイルドなおじさんもいるし、お昼時には食後のビジネスパーソンたちが道端でアイスを食べている姿も当たり前の光景です。スーパーマーケットでは、買うつもりのジュースやお菓子を食べながら買い物をしている人をよく見かけます。ちょっとだらしないなとは思いますが、決して不快な気持ちになるわけではなく、なんだか微笑ましい。「今、食べたい！」という欲望に素直なのですね。こういった食に対する大らかな空気があるのもこの国の魅力の一つだと思います。

食べておきたいブラジル軽食！

pastel
パステウ

ブラジル軽食

揚げパイです。中の具がバラエティ豊か。チーズとカラブレーザ（ソーセージ）とか、パウミット（ヤシの新芽）とか、バナナ入りのおやつ風などいろいろ。右のフェイラのパステウはサイズも10×20センチくらいと大きく、揚げ物なので食べごたえがあります。パステウ専門店やカジュアルなレストラン、バールのメニューにもありますが、私は専らフェイラ（朝市）で食べます。フェイラには必ずパステラリア（パステウの屋台）が出ていて、いつもブラジル人でいっぱい！　私が一緒になって食べていると、「日本人でもこんな不健康なものを食べるんだね！」と驚かれたことも。でも揚げたての熱々サクサクのパステウは最高です。

フェイラのパステウ

pão de queijo
ポンジケイジョ

ブラジル軽食

日本でもお馴染みの中がもちもちのチーズパン。レストランや軽食屋、パン屋、空港などどこでも食べられます。ブラジルの空港に降り立つと、ポンジケイジョの香りがすると思います。

coxinha
コッシーニャ

ブラジル軽食

しずくのような可愛い形をしたコロッケ。中には鶏肉とカトゥピリというブラジルでポピュラーなクリームチーズが入っています。しっとり柔らかい食感。軽食屋やパン屋、バールなどで食べられます。

esfiha
エスフィーハ

ブラジル軽食

前出のアラブの惣菜パン。基本は牛ミンチ、トマト、玉ねぎを炒めたものが入っています。具は他にゴマやリコッタチーズなどもあります。もともとは中東移民が持ち込んだ羊肉で作るエスフィーハがブラジル流にアレンジされてきたのだそうです。小腹が減ったとき、私は肉まん感覚で食べています。

具が上に載っているタイプ

具が包まれているタイプ

creme de papaya
クレミジパパイヤ

ブラジルで一押しのデザート

バニラアイスクリームとパパイヤをミキサーにかけて、上にカシスリキュールをかけたもの。なんてことはない簡単に作れるデザートなんですが、初めて食べたとき、その組み合わせの美味しさに虜になりました。ブラジルには珍しくさっぱりした甘さで、カシスが効いた大人の味です。

◉作り方
パパイヤと同量くらいのバニラアイスクリーム（ちょっと溶かしておいたもの）を加えてミキサーにかける。最後にカシスリキュールをかけるだけ。

おすすめのレストラン

Santo Grão
サント グラォン

女性にお勧めのお店
R. Oscar Freire, 413 , Jardim Paulista

ここは美味しいコーヒーで有名なカフェです。
コーヒーだけでなく、食事メニューもあるし、スムージーやフレッシュジュース、カクテルも種類が豊富。お洒落なショッピングエリアであるオスカルフレイリ通りにあり、ショッピングの合間のランチやお茶にちょうどいいです。目の前に高級ホテルがあるのでお客さんは外国人が多く、英語が通じます。店員さんはとってもフレンドリーです。私はいつもここでコーヒー豆を買っています。数種類ある中で、Blendo santo grão がおすすめ。チョコレートっぽい味が口に広がり、サンパウロで一番好きな味のコーヒーです。お土産に配っても好評です！

カフェラテ（大）とカフェコンレイチ（右）

Bacio de Latte
バッチョ ジ ラッテ

女性にお勧めのお店
Rua Osca Freire, 136（市内に数店舗あり）

サンパウロ一のジェラートショップとしてたくさんの賞をとっているお店。
オーガニックの砂糖、ベルギーのチョコレート、シシリアのピスタチオ、ブラジルの厳選したフルーツなど、原材料にこだわっています。店名がついている味、バッチョジラッテ“baciodelatte”は生クリームと牛乳のフレッシュさそのままで絶品。ほかにもブラジルならではのフルーツ、ジャブチカバ（ブドウのようなブラジル原産のフルーツ）やパッションフルーツ味なども爽やか。暑い日はすごい行列ができていますけど、並ぶ価値ありです！

Veloso Bar
ベローゾ バル

地元で愛されるお店
Rua dos Otonis, 234, Vila Mariana

「サンパウロで一番おいしいカイピリーニャ」が飲めるというので大人気のバール。店内は割と狭く、いつも外で順番待ちをして入る感じです。1時間待つのも普通ですが、カイピリーニャやコッシーニャをつまみ、お喋りしながら待つのもそれはそれで楽しいひと時。
料理やおつまみはブラジルならではのものばかり。フェイジョアーダやボリーニョ ジ カマラォンbolinho de camarão（海老の丸いコロッケ）など。冷えた生ビールもおいしいけど、ここでは是非名物カイピリーニャを味わってください。

基本のライムのほか、ジャブチカバ、赤いフルーツのミックス、キウイ、パイナップルとミント、マンダリンオレンジと唐辛子、など様々な季節のフルーツを入れたものが味わえます。

コッシーニャとカイピリーニャ（手前がジャブチカバのカイピリーニャ、奥が赤いフルーツのカイピリーニャ）

Bar do Juarez
バル ド ジュアレス

地元で愛されるお店
http://www.bardojuarez.com.br/
（市内に4店舗ある）

ブラジルに来て初めて先輩ご夫婦に連れていってもらったレストラン。シュラスコではない、鉄板でのブラジル焼肉を楽しめます。一皿700gもあるピカーニャ（いちぼ）を生ビールとともに豪快に食べる、仲間や家族でわいわいするのにぴったりのお店です。

にんにくがかなり効いた焼肉ですが、醤油もあるので、ちょっぴり日本の焼肉風にもできるのが嬉しいです。

BRÁZ
ブラス

地元で愛されるお店
（市内に3店舗ある）
写真の住所はRua Sergipe, 406 ,Higienópolis

イタリア移民が多いサンパウロはピザ激戦区。その中でもこのお店は賞の常連である超人気店。種類も多く、どれも選んでもはずれがありません。特にナポリの粉を使っているという生地がおいしい。お店はかなり混みあうので、私は早めに行くか宅配を選びます。
☆ブラジルではピザは夜食べるもの。お店は夜しか開いていないので注意が必要。そして、ナイフとフォークで食べるのがマナーです。

padaria
パダリア

地元で愛されるお店

「パン屋さん」と訳すのがよいのか、日本ほど充実していない「コンビニ」とも言えるのか、とにかくブラジル生活で一番お世話になっているところです。
ここはパン屋でありながら、ハムやチーズ、スナック、お菓子、ケーキ、各種飲料などを売っています。そして、必ずイートインコーナーがあって、そこではサンドイッチやハンバーガーなど軽食が食べられるし、お酒も飲める。

私はよくここに朝食にパンと絞りたてのオレンジジュースを買いに行きます。水や牛乳を切らしたときも、わざわざスーパーに行くより近所のパダリアで済ますことが多く、生活の一部になっている感じ。とても庶民的なお店で、ブラジル人の生活が垣間見えて面白いので覗いてみてください。

D.O.M
ドン

ブラジルを訪れた記念にどうぞ！
Rua Barão de Capanema, 549 , Jardins

我が家や友人たちが記念日に利用する、ブラジルならではのとっておきレストランは「D.O.M」というブラジルコンテンポラリー料理のレストラン。「サンペレグリノ 世界のベストレストラン50」で、2013年6位、2012年に4位となった世界的に有名なレストランです。そのシェフ、Alex Atalaアレックス・アタラ氏はブラジルNo.1のシェフと言われる著名人。ブラジルの伝統的な食材をスタイリッシュな一皿にして提供してくれます。

例えばマンジョッカ（キャッサバ）やジャブチカバ、パウミット（ヤシの若芽）など、ブラジルではお馴染みの地味な食べ物が、洗練された味と見た目のお料理に変身していて感動すらします。ここは夜のコースメニューがおすすめなんですが、夜は予約がなかなか取れない人気店なので、ブラジル旅行が決まったら、まず予約をしておいたほうがいいです。唯一お値段が厳しい。ワインなど頼んだら数万円してしまうんですが、それでも納得するくらい素敵な雰囲気と味を楽しめるレストランです。

一皿一皿がとても美しく、上品で食べるのがもったいないほど

Alex Atalaシェフと

おすすめのホテル

Diárias de hotéis de São Paulo
サンパウロのビジネスホテルの相場

日本より相場は高めです。場所を選ばなければ一泊数千円で泊まれるところもありますが、パウリスタ大通り周辺やモルンビー地区にある４つ星以上のホテルの利用が日本人にとって安全だし快適だと思います。料金は時期によって変動するものの、だいたいシングルが一泊１万５千円以上のイメージ。ダブルだと、それより数千円高くなりますが、ブラジルは人数料金ではなく部屋料金（ルームチャージ）なので、２人で泊まって割ったほうがお得です。インターコンチネンタルやヒルトンなどの高級ホテルは一泊３万円以上とやはり高いです。

ブラジルのホテルはインフレで料金が上昇しつつあります。また、曜日や時期によっても値段が変動するので、料金はあくまで目安です。

Pestana Convento do Carmo
ペスターナ コンヴェント ド カルモ

サルバドール
R. do Carmo 1, Pelourinho, Salvador
料金:US$220〜

ホテルのHPを見ると、「1589年に建設され、何世紀もブラジルの大イベントの舞台だった場所。それが改装された、ブラジルで一番歴史のある高級ホテルです」と書いてあります。たしかに昔のままの豪華な装飾が見事で、サルバドールがブラジルの首都であった当時の贅沢な雰囲気を味わえる素敵なホテルでした。古い建物でありながら、改装でモダンになっているし清潔です。プールがある庭に面したレストランやバーもまるで宮殿の庭で食べているような空間でずっと居続けたかったほど。旧市街の名所に歩いていけるので、観光にも便利です。ただ、サルバドールという場所柄お庭には蚊がいるので、蚊よけスプレーは持って行っていきましょう。

朝食

Serhs Natal Grand Hotel
セルス ナタウ グランジ オテウ

ナタウ
Av. Senador Dinarte Medeiros Mariz,6045
- Via Costeira, Natal
料金: R$511〜

一年中暑い「ナタウ」といえば、ビーチリゾート！　このホテルは中でも一番美しいといわれるポンタネグラ海岸沿いに位置します。プライベートビーチはもちろん、広いプールが付いているので、敷地内でのんびりするだけでもリゾート感を存分に満喫できます。私は赤ちゃん連れで泊まりましたが、離乳食やミルクを作るベビーキッチンが利用でき、子ども用プールもあり、何も困ることなく快適に過ごせました。

ポンタネグラ海岸

広いプール

Solar do Rosário
ソラール ド ホザーリオ

オウロプレット
Rua Getúlio Vargas,270 Bairro Rosário (Largo do Rosário)
Ouro Preto
料金:R$325～795

部屋が広く、可愛らしい家具や内装が魅力的なホテル。もともとは19世紀末に建てられた豪邸がリフォームされてホテルになったのだそうです。歴史的遺産として文化財に指定されています。

受付では近所の美味しいレストランを教えてくれたり、アットホームな雰囲気が心地よかったです。ゴージャスというよりは素朴な雰囲気も気に入りました。ホテルから観光の中心地チラデンテス広場まで歩いて行けます。

ロビー近く

レストラン

朝食

部屋

Belmond Hotel das Cataratas
ベルモンド・ホテル・ダス・カタラタス

イグアスの滝
Rodovia Br 469, Km 32, Iguassu National Park,
Foz do Iguassu
料金:R$910～
日本の予約事務局・ベルモンド・ジャパン:03-3265-1200

ブラジル側のイグアス国立公園の中にあるピンク色が特徴的な美しいホテルです。目の前に滝へ近付く遊歩道があるので、いつでも数分で滝を見に行けるのが一番の利点。私が行ったときは雨が降ったり止んだりの天気だったので、今だ!というときに出掛けられてとても便利でした。ここに宿泊したら、是非公園がオープンする前の早朝に遊歩道を散歩してみてください。観光客がほとんどいないので、大自然を独り占めできちゃいます!　部屋も清潔でプールもあり。朝食、夕食ともにビュッフェが美味しいし、ブラジル側の観光はこのホテルの中で完結できちゃいます。

日本から行く場合は、日本語のホテルサイトをチェック!　スパ付きのお得なパッケージプランなどもあります。

coluna: 人口・歴史・経済などブラジル基本情報

◉面積

851.2万km²（日本の22.5倍）世界第5位。

◉人口

2013年に2億人を突破（IBGEブラジル地理統計院）。これまでの40年間で約2倍に増えたことになる。2042年まで増え続ける見込み。世界第5位。

◉宗教

約90％がキリスト教徒。

◉歴史

昔からインディオ（先住民）が住んでいたブラジルに、1500年、ポルトガル人のペドロ・アルヴァレス・カブラルがバイーア州に到着し、そこから1822年までポルトガルの植民地となる。赤い染料がとれるパウ・ブラジル（ブラジルの木）（国名の由来となっている）が大量にポルトガルに輸出された。その後砂糖産業が発展し、労働力としてインディオのほか、アフリカから黒人が奴隷として大量に連れてこられた。

◉GDP

約4.84兆レアル（2013年・IBGE）

一人あたりGDPは約2.4万レアル（2013年・IBGE）

成長率 2.3％（2013年・IBGE）

◉物価上昇率

5.91％（2013年・IBGE）

◉失業率

ここ10年低下傾向

2013年 主要6首都圏の平均は5.4％（IBGE）

◉輸出量世界一の品目

オレンジ、コーヒー、砂糖、大豆、鶏肉、鉄鉱石など

◉中間所得者層が増加中

1549年	ポルトガル国王がサルバドールに総督府を置く。
1698年	ミナスジェライス州で金やダイアモンドが発見され、ゴールドラッシュに。
1763年	その鉱物を輸出する港であったリオデジャネイロに首都が移される。
1822年9月7日	（独立記念日としてブラジルでは祝日）ブラジルを統治していたポルトガル皇太子がブラジル独立を宣言。ブラジル皇帝ジョン・ペドロ1世として即位し、1889年まで帝政が続く。
1888年	奴隷制度廃止。
1889年11月15日	共和制が制定され、ポルトガルからの完全な独立が実現した。サンパウロ州で栄えたコーヒー産業など農業での労働力確保のためたくさんの移民を受け入れ、その受け入れブームは20世紀半ばまで続いた。20世紀半ばから重化学工業などにより高度経済成長が始まるが、急速な発展でインフレが発生。
1980年代末	ハイパーインフレ時代に入る。（90年代前半までインフレ率は1000％前後。93年にはインフレ率約2500％を記録）
1986年	「失われた10年」と呼ばれる経済低調期に入る。
1995年	フェルナンド・エンリケ・カルドーゾ大統領就任　その金融政策でインフレが鎮静化。
2003年	ルーラ大統領就任。
2011年	ブラジル史上初の女性大統領ジウマ大統領就任。

Como são os brasileiros?

3

ブラジル人ってどんな人？

陽気でノリがよい。ラテンの熱い血で老若男女がサッカーに熱狂している。ブラジルで実際に生活する前は、そんなイメージを私も抱いていました。実際にこちらで暮らして、たくさんの現地の人たちとの交流を通し、私なりに見えてきたブラジル人像を綴ります。

〝simpático〟なブラジルの人々

ブラジル人の性格をひと言で表わすとなんだろう？と考えたのですが、ポルトガル語の「simpático スィンパチコ」、まさにこの一語がぴったり。愛想がよくて人懐っこくて親切で感じがよい人のことを指す言葉です。生活していると、こういう人に出会うことが圧倒的に多いのです。

特に愛想のよさは抜群！　通りすがりの見知らぬ人同士でもニコニコして挨拶するし、初対面でもよく喋り、大声で笑います。素敵な笑顔があふれる国です。

つい最近、小児科の待合室でたまたま一緒になったお母さんも典型的な simpático でした。会ったばかりなのに、昔からの友達のように話が盛り上がり、「暇なときはいつでも電話してね」と帰りに名刺をいただきました。少しでも話したら、すぐに「amigo アミーゴ（友達）！」の世界。いいですよね。

また、ブラジルに移住したばかりの頃、ポルトガル語の知識ゼロという状態で通い始めたベリーダンス教室では、「ブラジル人って本当に優しいなあ～」と実感することばかりでした。最初の頃は先生の言っていることもまったくわからず、質問にも全然答えられず、「私、明らかに変な日本人だわ」と劣等感を感じていたのですが、私が下手なポルトガル語で何か伝えようとするときは、みんな文字通り〝手を取って〟わかるまで話を聞いてくれたんですよね。

レッスン中は私、ほかの生徒さんの大変な足手まといであったにもかかわらず、踊り方をみんなで「英語」と「日本語」にめちゃくちゃに訳しながら（たぶん合っていないけど）教えてくれたり。それから、みんなでワイワイお話するときは、「裕子、ここに座って！」と席を空けてくれて、いつも輪に入りやすくしてくれる。ああ、日本でも外国人にはこういうふうに積極的に働きかけてあげないといけないなあと、いつもぼんやり学ばせてもらいながら彼女たちの優しさに癒されてきました。

こんな風にブラジル人は本当にフレンドリーで面倒見のよい人が多い。この点は私にとって、この国の治安の悪さとかインフラが日本ほど整備されていない住みにくさのマイナス面をカバーして余りあるほどです。やっぱり基本は人！ですね。

Eles gostam de conversar.
いつだって、お喋りに夢中

ブラジル人は老若男女を問わずお喋りが大好き。仕事中も仲間同士でずっと喋っています。お店やレストランの店員同士はもちろん、病院の受付をしている人たちまでもそうなのです。レストランでは店員がやたら多いのに、お喋りに夢中で手を挙げても誰も見ていないことがしょっちゅうです。病院でさえ、心電図検査中も看護師がずっとダイエットの話で盛り上がっていたり……。私としては、「もうちょっと客（患者）のこと大事に扱ってよ」と、最初は頭にきたり悲しくなったものですが、どこに行ってもそうなので、「こういうものか」とだんだん気にならなくなりました。きっと誰も怒る人がいないんでしょうね。あまりに楽しそうに笑いながら仕事しているので、その姿は羨ましいくらいです。

異国人とのコミュニケーションも楽しいようで、見知らぬ人に何かと話しかけられることが多い。街を歩いていると、「あなたは中国人？　日本人？」とか「芸者ですか？（映画『ＳＡＹＵＲＩ』の影響力は絶大です）」なんていうことから始まって、こちらから話を切り上げなければ30分くらい話し込むことも。最後にはお決まりの〝アミーゴ！〟。Facebookでお友達になりましょうと名前を教えてくれてようやく別れます。

しかもブラジル人の質問力はすごいのです。「日本のどこに住んでいたの？」「大学は出てる？」「子どもはどこで産んだの？」「体重何キロ？」

あまりにも興味津々に身を乗り出して聞いてくるので、「ええ、ちょっと……」なんて濁せない。日本では「ここまで聞いちゃうと失礼かな？」という暗黙の線引きがありますが、ブラジルにはないみたい。もちろんこういう態度について「マナーレベルが低い」と国の中でも話題になったりしますが。いきなり自分の人生についてあっけらかんと話してくる人もいたりして、とにかく人と距離を置かないというか、距離感がとても近くて面白いなあと思います。

ただ楽しいお喋りはいいにしても、ノリで適当なことを言う人が多いのには困ったもの。「ブラジル人の話は話半分で聞いて」とブラジル人の友達自からアドバイスされたこともあります。「明日あなたへのお祝いに買ったＣＤを持って行くわ」と会う度に言い続けていっこうに持って来ない人がいるし、みんな「行く！」と言っていたパーティーに行ってみたらその半分も来ていなかったり。

こんな感じなので、例えば結婚式の出席人数も当日までまったくわからないのだとか。人のよいブラジル人は無理なことも「できる！」とか「やる！」とかつい〝ノリ〟で言ってしまうようですね。この辺は付き合うのにちょっと大変かな、と思ってしまう部分ですが、まあこれも文化の違いでしょうか。日本人の誠実さがちょっと懐かしくなることも……。

Eles adoram crianças.

大の子ども好きの人々

ブラジル人は子どもが大好き。赤ちゃんをベビーカーにのせて歩いていると、「あら〜、赤ちゃん！」と、とびっきりの笑顔で近寄ってきて、「ちょっと見せて」と10人中8人は覗いてくる感じです。

足にチュッチュしたり、たくさん話しかけて遊んでくれるので息子もキャッキャと大喜び。みんな、おどけ方が上手で子ども心をいっきに掴む、あやしのプロ！　男性も目尻を下げて可愛がってくれるのは嬉しい驚きでした。ブラジルの子どもは、こうして親だけでなく見知らぬ人からも愛情をたっぷりもらって育つのですね。とても素敵な環境だと思います。

子連れでいると、あらゆる場面で優先してくれます。レジで並んでいても全員が全員「先に行きなさい！」と譲ってくれるし、休憩する席も必ず譲ってくれます。ガタガタ道ではベビーカーを持ち上げるのを手伝ってくれたり、狭い道でベビーカーとすれ違うのを避けるために何メートルも先で私たちを待っていてくれたり……。

赤ちゃんがうるさく泣き喚いても嫌な顔をする人はほとんどいません。「足が冷たいんじゃないの？」などとアドバイスしてくれたり、子どもや子育てをする母親を気遣ってくれる優しさにはいつも感動し、感謝しています。私はいつもブラジルの人たちの優しさに甘えさせてもらい、何度も助けられているので、日本に帰ったら私はブラジル人のように振舞おうと心に決めています。

Casais demonstram afeto.

ちょっと熱過ぎ？ 情熱的なカップルたち

ブラジルは情熱的な〝愛の国〟。カップルや夫婦の仲がとてもいいので、いつでもどこでも人目をはばからずベタベタしています。日本人としては見せつけられてたじたじとする場面が多いです。

仲間でご飯を食べに行っても、メンバーに気遣うことなくカップル同士で自分たちだけの世界に没入してしまう人が多く、ちょっと置いていかれたような思いもします。テーブル席に二人で座るときも、対面ではなく並んで座る。いつでもパートナーに触れていたいブラジル人らしいです。しかも、「私は世界一運のいい女性だわ」とか、「俺は世界一最高の妻を持ったよ」

なんていう言葉も普通に出てくるので、本当にご馳走様です、といった感じです。

そんな、〝熱い〟彼らだからこそ、喧嘩するときはまるでドラマ！　相手の浮気なんかがわかったときはもう聞く耳を持たないほど泣いたり怒ったりで、激しすぎ。「彼の服、全部破って捨ててきたわ」とか、「浮気相手とのデート現場を張り込んでくる」とか言うので、こっちが青ざめます。でも、翌日仲直りしてまたベタベタの二人に戻っていることもあるし、もう、ついていけません。

もちろんそのまま別れたり、愛を感じなくなったらすぐに離婚というのが一般的であり、私の周囲にも離婚があまりに多いので驚きました。

なんだか恋愛にかけるエネルギーが日本人の比じゃないんです。自分に心地よい幸せを常に求めているのでしょうね。人生で一番の優先事項なんじゃないかな。愛にあふれた本当に幸せそうなカップルを目にすると、「ああ、いいな」と自然に思えます。そうそう、確かに恋愛って楽しいよね。そうか、これが人間本来のあるべき姿なのか、なんて思わせてくれる。ということで、日本人の皆さん、ブラジルでは恥ずかしさゼロで堂々とお二人の愛を見せつけちゃってください！

どこでも2人だけの世界

coluna: ブラジル流！びっくり生活習慣

◉食事中に

レストランで食事のときに周囲を見渡すと軽い違和感が……。なんと、多くの人がナイフとフォークを逆に持ちます。左にナイフ、右にフォークを持つんです。理由は、「利き手の右手でフォークを持ったほうが、そのまま口に入れやすいから」だそうです。

いくら便利でもマナーとしてはNGなのでは？　まるで正しく持つ自分のほうが間違っているみたいに思えるブラジル人の食事風景は必見です。

◉試着室にて

基本、着替え途中とか関係なく、店員さんが入ってきます。女性同士だから隠すものなんてないでしょ！という感覚（笑）。下着さえ着けていれば見せることになんの抵抗もないブラジル人ならではです。そして、たまに着替え中コーヒーを持ってきてくれます。サービスなのでしょうが、服が汚れるんですけど……。

◉レギンス

街を歩く人に、レギンスのみで歩く女性が多い。

日本ではこれを穿く場合、ミニスカートや長いトップスでお尻を隠すのが普通ですが、ブラジルはただレギンスのみ。

やたらとスポーティーで潔いものの、日本人としては、見てはいけない隠すべきものが出ている感じでどうも恥ずかしい。たまに、それタイツでしょ！というのをそのまま一枚で堂々と穿いている人もいるから面白いです。

◉ネイルの塗り方

ブラジル女性でネイルを塗っていない人はいない！というくらい、子どもからお年寄りまでみんな手足にネイルをしています。短い爪にカラフルな単色を塗るのが定番で、日本のように長めの爪にアートで凝るというのはまだ浸透していません。

衝撃だったのは塗り方。普通ネイルは爪からはみ出さないように丁寧に塗っていくものですが、ブラジルは違います。大胆にはみ出させながら塗った後、細いスティックに除光液を浸したコットンを巻きつけ、はみ出した部分を取って行くんです。こうすると確かに塗り残しの部分がなく、仕上がりは綺麗なんですけど、なんかねえ……。

◉雨傘

ブラジル人はあまり傘を持ち歩きません。すぐ止むスコールはとりあえず雨宿りをして見送り、多少の雨では傘をささない人が多いです。

一方で最近よく見かけるのは晴天に雨傘をさす女性たち。日傘代わりにしているようですが、どう見ても雨傘。ようやくUV加工された日傘も市場に出回り始めましたがまだまだ日本のように浸透していません。いつ本物の日傘ブームが来るのでしょうか。

◉アイスコーヒーは売っていない

コーヒーの本場で、暑い日においしいアイスコーヒーをぐぐっと飲みたい！　そう思っていましたが、ブラジルではコーヒーを冷たくして飲む習慣はありませんでした。いわゆる邪道なんですね。同じくアイスティーも基本的にありません。

どうしてもアイスコーヒーを飲みたかったら、近年ものすごい勢いでブラジルに進出してきているスターバックスでどうぞ。

壮絶!? ブラジル出産体験

Como foi dar a luz no Brasil?

私はブラジルで妊娠、出産しました。こちらで出産した日本人の友達もたくさんいたので、安心して臨むことができました。でも、やっぱり日本の出産事情とは違う部分もたくさんあって、戸惑うことも多かったです。

まず、妊婦検診ですが、日本よりもかなりざっくりしています。検査機関で特別に検査しに行く以外は、診療所で血圧、体重、むくみチェック、赤ちゃんの心音を聞いてもらうくらい。しかも体重計はしばしば壊れていて、毎度自己申告と適当でした。よく妊婦友達と「これで大丈夫なのかな?」と話していたけど、結果大丈夫でした。細かい体重制限などがない分、妊娠期間をのびのび過ごせた気がします。

妊娠9か月頃

そして、大きく違うのは出産スタイル。ブラジルは帝王切開が圧倒的に人気です。「出産日を自分で決められるから便利なの。夫が休みの土日に計画的にやるわ」という人が多い。また普通分娩より費用のかかる帝王切開を選ぶのがステイタスでもあります。しかも医者も慣れているし、傷痕だってお腹のビキニラインの下に横一直線で問題なし。むしろ普通分娩のほうが痛そうで怖いなん

産院の写真
（外観、廊下、部屋）

て声もあります。

普通分娩でも麻酔を使った無痛分娩にするのが一般的で、私もそうしました。ただ、普通分娩を希望していても、何かあるとすぐに医者が帝王切開する傾向があるので、もしも普通分娩にこだわるなら日本で産んだほうが安心だと思います。

出産当日は分娩室がとても賑やかだったのが印象的です。主治医と、麻酔医、看護師たちが入れ替わり立ち替わり入ってきては談笑して出て行く。陣痛中も痛いのにおもしろい話で笑わされる。いよいよ麻酔をするまで、ずっと緊張感のかけらもない陽気な部屋だったので、リラックスしたまま出産に臨めてよかったです。

産後は〝血だらけのシャワータイム〟があります。恐いでしょ（笑）。これ、経験者から聞いていてあまりにも恐ろしかったからなんとか逃れられないか抵抗してみたけどダメ。夜産んだ次の日の早朝、看護師に有無を言わさずシャワー室まで引っ張っていかれました。まだ眩暈《めまい》がして足元もふらふらだし、傷痕は痛いしでさんざんなか、全身洗えと言われます。本当に血だらけのシャワーで血が苦手な私は気絶しそうでした。
そのかわり、食事はドーンとステーキが出るし、ボリューム満点です。三食＋ティータイムのケーキ付♪　さらにクラッカーの夜食まで出て、嬉しい内容。毎食喜んで食べていました。
滞在は3泊4日。日本だと1週間くらい産院でゆっくり過ごせるのだけど、ブラジルは早く退院させられてしまいます。私としてはまだ全然回復していないうちに出たので、先が不安でした。でも早くから動いたほうが、母体の回復にはよいという考え方なのだそうです。

　ブラジル人は産んだ次の日にでも家族、親せき、友達を病室に呼んで、シャンパンを開けて赤ちゃんのお披露目をするのだそう。私も今回はお友達を呼んだけど、シャンパンまで開ける余裕はありませんでした。さすがブラジル人、元気ですよね。

　そうそう、赤ちゃんの名前はあらかじめ決めておいて、病室のドアに飾るオリジナルネームプレートを作っておくのも大事な習慣です。私たちもかなり前から名前を決めて作っておきました。

　こうして無事に出産を終え、赤ちゃんとの生活がスタートしました。全体的にブラジルらしい豪快な出産、ですよね？　日本の出産事情との違いに一喜一憂しながらも、この経験ですっかり肝が据わった母になりました！

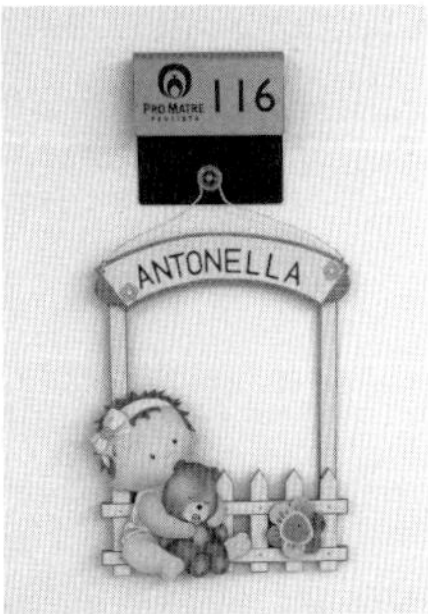

部屋のドアにこんなネームプレートをつけます。

ルーズなブラジルタイムに右往左往

Brasileiros não são pontuais.

ブラジルに来てから、私はとにかく待っている、待たされている……。

このままずっとここにいたら、待ち時間だけで1年分くらいになるんじゃないかというほど。ブラジル人との約束の時間、集合時間は守られたら奇跡です。それくらい時間にルーズなんですよね。ブラジル人は大好きだけど、この点だけは正直、疲れます。

例えば、友達同士で遊びに行くとき、定刻通り集合するのは私と日系人だけ。日系人も時間には正確です。

ブラジル人は「あと1分で着くよ」と携帯電話で連絡してきて数十分待たせることもザラです。遅刻の理由は必ず「渋滞がすごくって！」。

サンパウロでは急な雨や事故での渋滞があまりにひどいので、最初はその理由を単純に信じていたけれど、いつもこれが理由だとだんだん呆れてしまいます。でも実はこの言葉は遅刻の免罪符。みんな、「それは大変だったね」と、責めずに受け入れるんですね。遅刻は誰もがやるからお互い様といったところなのでしょうか。むしろ、10分くらいの遅刻で怒る人は変人扱いされると聞きました。これは仕事の場面でも同じというから驚きです。

また、家の修理で業者を呼んだ場合、予約した時間から1、2時間の遅刻は当たり前。それくらいですめばまだ早いほうなので、業者も「どうだ、早いだろ」と言わんばかりの明るさで登場するんです。最悪なのは数時間待った挙句、「今日は行けなくなった」という電話が来るケース。私も最初はいちいち腹を立てて「時間を守って。来られないならもっと早く連絡して！」と詰め寄っていましたが、業者はいたって普通のことをしていて責められる理由がわからないようでキョトンとしちゃうんです。ああ、文化の違いだ、と諦めることを最近ようやく覚えました。

結婚式やパーティーもたいてい遅れて始まります。1、2時間の遅れは普通なんですって。私が出席した結婚式も1時間以上待ちました。飛行機だって数時間待つこともしょっちゅうです。

つまり、こういう時間にルーズな国で生きているブラジル人は待つことなんて慣れっこなんですね。定刻でなければいけないという意識もほとんどないみたい。人を待たせることに罪悪感もあまりないのかなと感じます。

ただ、友達同士の間ではよくても、ビジネスの場でさえ遅刻が当たり前というのはどうなんでしょう。余計なお世話ですが、そのままだと世界でやっていけないはず。W杯競技場の完成の遅れだって、まさにこのパターン。信用を失いかねないですよね……。

とにかくブラジル人の辞書に「焦る」という文字はない。本当は遅刻だって、お昼を早く食べればしなくてすむはずだったのに、ゆっくりアイスまで食べるから遅刻したんだよって言いたい。さらに、土曜の朝、恋人と離れがたくて遅刻してくるんだったら、あらかじめもっと遅い時間で約束してほしい。それに、工事だってもう少しお喋りを減らしてペースをあげてくれれば……。

でもこの国でこんなことを言うのはナンセンス。一番大切なのは自分にとっての楽しい時間。それを定刻通りきっちり切り上げるのは無理なんだろうな。これが人生を目いっぱい楽しむブラジル人の生き方なんだと思います。

ちなみにブラジルで唯一正確なのは閉店時間です。間違いなくプライベートの楽しいこと優先ですよね。なんだかんだ言ったものの、こんな生き方、羨ましい！

Sobre Nikkei
日系ブラジル人について

●移民の経緯と現在まで

日本人がブラジルへ初めて移住したのは１９０８年6月18日。最初の移民船「笠戸丸」に乗って、７８１人がサントス（サンパウロ州にある港湾都市）に上陸しました。すでにそこから１００年以上が経っていることになるんですね。長い歴史があります。この１００年間の間に約25万人の日本人がブラジルに移住しています。

初期の移民は、コーヒー農園の雇用農として主にサンパウロで入植していました。農園主は奴隷制（１８８８年に廃止）の慣習から抜け切れておらず、居住環境や労働条件は劣悪。アジア人に対する偏見もある中で大変な苦労をし、夜逃げする人も多かったそうです。

その後、雇用農として働くだけでなく、自立した農民として未開の地を開拓、取得するようになり、日本人同士の集団入植地や農業組合が作られました。そしてコーヒー以外にも、野菜や果物を生産し始めます。日本移民は農業の分野で多大な貢献をしたと言われていますが、その貢献の一つが「新しい作物の導入」。野菜や果物は数十種が導入されたようです。

例えば今、サンパウロで暮らしていて市場やスーパーで簡単に手に入る白菜、大根、シイタケ、ポンカンなどは日本移民が自国の味を懐かしんでブラジルに持ち込んで育ててくれたもの。また、外国から持ち込んだ胡椒やジュートの栽培は、国の農業を支えたということで有名です。もともとブラジルにあった多くの作物を品種改良し、生産性の高いものにしたのも日本人。ブラジルで「柿」や「ポンカン」「シイタケ」「シメジ」などが日本名称のまま普及しているのはそういう訳だったのかと納得です。日本人はブラジル人から「農業の先生」と呼ばれて尊敬されていたそうですよ。この国の農業は日本人の熱心さと創意工夫によって発展したのは間違いありません。

１９３０年代から、都市に移り住み、クリーニング店や散髪屋、医師など農業とは別の分野で働く人も出てきます。クリーニング店ではブラジル人が服のポケットにお札を入れたまま出してしまい、取りに行ったとき、そのお札までアイロンをかけてそっくり返されて感動したという話があります。そういう日本人の誠実さがブラジル人に大変受け、日本人、日系人はあらゆる分野で成功していったそうです。

１９３０年からのヴァルガス政権下では、移民のブラジルへの強力な同化政策がとられ、日本人学校が廃止されたり、日本語が話せない状況になったりと迫害を受けました。そして、だんだん新しい世代は、ブラジル人の文化を受け入れ、ブラジル人としての自覚を持つようになっていったと聞きます。それまでは日本人の閉鎖されたコミュニティで生活していたのが、徐々にブラジル社会に溶け込むようになっていったようです。

現在は、移住者を含んだ日系人の総数は約１６０万人と言われ、ブラジルは、海外の中で一番日系人の多い国となっています。特にサンパウロ州にはその7割が住んでいて、道を歩けばすぐに日系人に出会える環境です。テレビ、新聞などでも日系人を見ない日はないほど、政界、経済界など様々な分野で活躍しています。また医療の分野にも多く、日本語が通じる病院を選べるので助かっています。そういった社会的に地位の高い職業に就く日系人が多いことも、日本人の真面目で努力家な性格ゆえだと言われています。

●二世〜六世まで

一世がいつブラジルに来たかでそれ以降の世代が生きる時代も異なり、決して一括りにはできないのですが、私の出会った日系人にはこんな方たちがいます。

まず、ブラジルに来て友達になった日系人は20代から30代で、「三世」です。見た目は完全にブラジル人だったり（混血状況は三世では4割、四世では6割と上昇傾向です）、日本人の顔でもメイクがブラジル風で違ったり、服装も露出が多く派手だったりしてやはり日本にいる日本人とは違うなという印象です。

日本語はまったく話せないし、読んだり書いたりもできない人が圧倒的に多い。生活に必要ないからですって。サンパウロのような都市で生まれ育った三世、四世は、ほとんどがブラジル人に同化していて、アイデンティティもブラジル人寄りなのだそうです。食べ物の好みも完全にブラジル人です。

逆に、日本人に近い三世（20歳の男性）にも出会いました。彼はご両親の出稼ぎに付いていき、日本の学校で育ち、２０１０年にブラジルに戻ってきたそうです。お父さんがブラジル人なので、見た目は完全にブラジル人ですが、日本語は完璧！　性格も「曲がったことが嫌い」という真面目で謙虚で日本人らしい性格。将来日本で働きたいので、日本語を忘れないように、常に日本人とコンタクトをとって勉強しているのだと言います。

でも、日本では外国人扱いされるし、ブラジルでは日系人として生きているしで、自分はブラジル人でも日本人でもどちらでもない感覚なのだそうです。日本で就職したくても、厳しい条件があって難しいのだと言い、日本とブラジル両方のアイデンティティの狭間で揺れる難しい立ち位置にいて、ちょっと気の毒に感じました。でも、「人間に国籍なんて関係ない！」と逞しいことを言っていたので安心したのですが……。

仲よし日系3世のリア（Lia）と

四世も同じで、いろんな人がいます。ブラジル人に同化して完全にブラジル人として生きている人たち。出稼ぎに行った両親に付いて日本で育ったり、日本で生まれ、慣れ親しんだ日本に帰って働きたいと思っている人たち。彼らの話を聞いていると、日本移民がブラジルで受け入れられたように、日本も日系ブラジル人が受け入れられやすく、活躍できる場であればいいなと心から願います。

現在はブラジルの日系文化の担い手は主に二世です。二世は日本語を教える「日語学校」とブラジルの公立学校に半日ずつ通っていた世代。それでももう日本語を忘れてしまって、ポルトガル語のほうが上手な人が大半です。

本当に各世代いろいろな人がいて、私も同じ日本人なのに生き方がこんなにも異なるんだ、とそれぞれのお話を聞くのがとても興味深かったです。ちなみに三世、四世など、出稼ぎで育った日系ブラジル人に対する日本側の受け入れ問題は私たちがきちんと考えなければならない課題だなと思ったり……。

今は六世まで誕生している時代。世代が進むにつれ、日本を正しく認識し、理解する人は減ってきているのが現状ですが、それぞれの家族の中で、「日本」がどういう形で残され、引き継がれていくのか、見守っていきたいなと感じています。

ブラジル人から見た日本、日本人の印象は？
O que os brasileiros acham do Japão e dos japoneses?

先に書いた日本移民のブラジルでの活躍のおかげで、日本人は嘘をつかない、誠実で勤勉で真面目、絶対的に信頼できる相手、というイメージが一般的です。一般的というか、有名です。とても高い評価のためか、道を歩いていると、年配の方から「私、日本人が大好きなの」と握手を求められたこともあるくらいです。また、お辞儀や「こんにちは」「ありがとう」などの基本的な挨拶を日本語でしてくれる人も多く、若い人も「僕は日本人の知り合いがいるんだよ」、と誇らしげに話してくれたりします。こんなにも日本人への偏見がなく、好意的である国って私には初めてで、移民の方への感謝の思いで胸が熱くなります。

実は、移民が到着する前まで、ブラジルでの日本人の評価はあまり高くなかったようです。アジア人に対する偏見が根強く、文化も大きく異なるために、日本人はブラジルに適応できないと思われていました。それが１８０度見方が変わり、温かく受け入れられていることは、本当にすごいことですよね。

日本人が作るものに対しても高い評価が寄せられています。ビジネスでは既に日本移民による「信頼」という土台ができているので、日本企業が進出しやすい状況だと聞きます。日本でお馴染みの多くのメーカーの商品が店に並んでいるのは嬉しいことです。家電や車などは、どうしても価格の面で韓国製が人気ですが、やっぱり日本製は高くても良質という共通認識があるのは確かです。「日本の技術」という言葉は宣伝文句になるくらい、ブラジル人の心を掴む言葉なのです。

いかに日本の文化がブラジル人に人気かというのは、年に1度サンパウロで開かれる南米最大の日本文化イベント「フェスティバウ・ド・ジャパン（日本祭り）」に行くとわかります。これはブラジルにある日本都道府県人会の連合体が主催しているもので、46都道府県の郷土食の屋台が出るのと、約２５０の日本や日系企業、団体のブースや、生け花、茶道、折り紙などの文化紹介の展示があり、こちらに在住する日本人はかなり郷愁を掻き立てられるイベント

日本祭りは毎年すごい活気

です。２日半の日程で、20万人が来場したこともあるほど、とにかく毎年真っ直ぐ歩けないほどの大混雑ぶり。日本人や日系人だけでなく、ブラジル人も多いのに驚きます。

特に屋台は日本の味に挑戦するブラジル人でいっぱい！　お好み焼きが人気のようで、長蛇の列ができていました。それから、日本といえば、アニメやゲーム！　気合のコスプレをしているブラジル人をたくさん見かけたし、漫画のブースやゲームコーナーにも人だかりができていました。

企業ブース

畳体験スペース

健康体操

なまはげと一緒に

ロリータファッションの方たちと

ブラジルには日本文化、日本の技術、日本人が大好きな人がたくさんいる。この事実は日本人であることを誇らしく思わせてくれるし、自分たちの性質や文化の素晴らしい部分を改めて認識することになりました。私もいくらいい加減な（笑）ブラジルにいても、やはり日本人らしく真面目にやっていこうと密かに心掛けています。ポルトガル語も地道に頑張っていますが、会話していて「さすが日本人！上達が早いわ〜」なんて言ってもらうと、お世辞でも鼻が高い思いです。

日系人社会が新しい世代になっても、常に日本人らしさや日本文化への関心を失わないでほしいなあ。みんな完全にブラジル人アイデンティティになったとしても、この国で日系人が活躍し続けることはもちろん確信しているけれど。日本の反対側で日本人らしさや日本文化が存続し、まったく違うブラジル文化とうまく共存し続けたらどんなに素敵なことだろうと思います。

コスプレ、漫画コーナー、ゲームコーナー

屋台に並ぶ人たち。お好み焼きは長蛇の列

サッカーW杯前夜

Momentos antes de Copa do Mundo

W杯まであと1年弱（執筆時）。プレ大会のコンフェデレーションズ杯を優勝という形で終え、まずは一段落のブラジル。ですが、コンフェデ杯で既に問題が山積。世界中の観客を迎えるにあたって、デモの問題、インフラの整備、競技場の工事の遅れ、治安の問題など、解決しなければならない課題がたくさん見つかり、マイナスの報道ばかりが目立つこの頃です。最近は景気も減速しているせいもあり、イケイケなブラジルのノリはどこへ行ったの？というくらいちょっと元気がない状態。W杯へのお祭り騒ぎはまだ先になりそうです。

ただ、そんな中でもチケットの争奪戦は熾烈です。発売7時間で既に100万枚が申し込まれ、その時点で開幕戦も決勝戦もスタ

W杯開催1年前のイタケロン競技場の様子

ジアムの収容人数の倍以上の申し込みがあったといいます。私ももちろん申し込んだのですが、見事にはずれ、その後の先着順の申し込みでＰＣにかじりつき、なんとかポルトガル対ガーナの一戦をゲットできました。さらに2回目の抽選（在ブラジル日本人対象）でなんとか日本戦も勝ち取れました！

さて、サンパウロにあるイタケロン競技場の工事現場を見に行ってきました。開幕戦が行なわれるところです。ちょうどＷ杯開催1年前にあたる２０１３年6月時点で、まだまだ殺風景な工事現場でした。

ＦＩＦＡ（国際サッカー連盟）から再三にわたり工事の遅れを指摘され、「このままだと使用しないぞ」と警告まで受けながらも、のんびりと（？）建設が進められています。遅れの主な原因は資金不足（総工費8億2千万レアル≒４００億円）です。ほかにも問題があって大変だったにせよ、ＦＩＦＡが定めた完成期限は２０１２年の12月。遅れすぎですよね。さらに延期して設定された期限も余裕で過ぎています。

そして、２０１３年の11月末には、建設作業中のクレーンが倒れて競技場の一部が損壊、作業員2人が犠牲となる痛ましい事故があり、作業が中断され、完成予定がさらにずれこみました。

もはや完璧な形を求めるのは無理なのではないかと思いますけど、安全面で問題が起こらないような競技場を早く完成させてほしいものです。

O entusiasmo com o futebol

サッカーへの熱狂

私がブラジルに来たのは２０１０年の7月2日。ちょうど前回のＷ杯準々決勝ブラジル対オランダが行なわれる日でした。空港にお昼に到着して自宅まで向かう途中、道路を走っている車がほとんどなく、人も全然歩いていないしで、やけに静か。想像とあまりに違って「なんてスッキリして住みやすそうな国！」と感動すらしたのですが、実は、みんなテレビ放送を見るためにどこかに集合、もしくは家にこもっていたからなのです。

パカエンブースタジアムの試合の様子

なんと、ブラジルはＷ杯のブラジル戦がある日は、応援のために学校も仕事もお休み、もしくは半休になるというすごい国なのです。当然Ｗ杯期間中はすべての仕事が滞り、世界との競争を放棄したのも同然の状況になる……。さすが、これぞサッカーの国ですよね。

さて、私も家に着いてすぐにテレビで観戦しましたが、近所では爆竹がドカンドカンと鳴り響き、大地が震えるよう。熱狂的な絶叫もあちこちから聞こえ、怖いくらい。ブラジル人のサッカーにかける情熱をいきなり肌で感じました。これは、国内リーグや南米選手権などのシーズン後半も同じで、近所の爆竹と絶叫はセット。サポーター同士で争い、死者まで出てしまうほど、みんなサッカーへの熱い情熱を持っているのです。

ちなみにその準々決勝の結果はブラジル敗退。街じゅうショックでシーンと静まり返ってしまったのもよく覚えています。サッカーに心から一喜一憂する。それが、ブラジル国民です。

街中でサッカーに興じる人たち

生活に溶け込んだサッカー

O futebol faz parte da vida brasileira

ブラジルではサッカーの試合の日は競技場に向かう道路が大渋滞し、各地で爆竹や歓声、車のクラクションが響き、街が賑やかになります。特に熱狂的なファンがいるコリンチャンスの試合の日は通常の倍はうるさいかな。試合の日でなくてもサッカーのユニフォームを着ている人が多いし、携帯の待ち受けもチームのものだったりして、本当にサッカーを愛しているんだなあと感じます。

人気チーム、コリンチャンスのユニフォーム

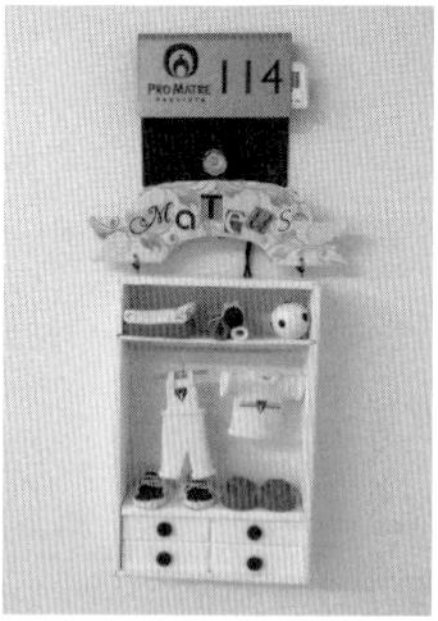

サンパウロFCサポーターの産院ドア飾り

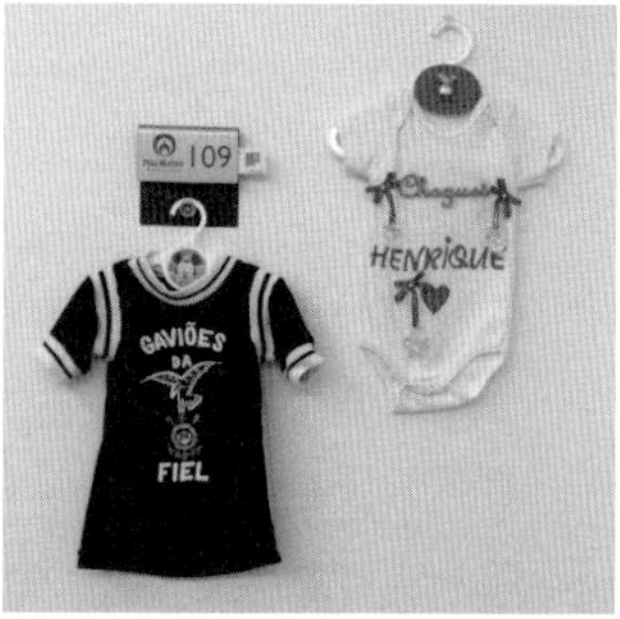

コリンチャンスサポーターのネームプレート

もちろんリーグ戦が終盤になると、その話題でもちきりです。ライバルチーム同士だと、上司も部下も関係なくけなし合ったり楽しく盛り上がります。私はコリンチャンスとサントスを応援していて（ふたつ応援するなんてあり得ないとよく怒られます）、たまにユニフォームを着たまま買い物に行くのですが、いちいち反応があって面白いです。アンチの人にブーイングされたり（もちろん冗談で）、なぜかわからないけど通り過ぎる車にクラクションを鳴らされたり、同じチームのファンにグッドサインを出されたり。

ブラジル人と初対面での話題に困ったときは、サッカーの話題を出すと自然と話が広がります。もちろんそういったサッカーファンには男性が多く、興味のない女性もたくさんいるけれど、基本的にはサッカーの話題はコミュニケーションの重要なツールです。

また、ブラジル人は、生まれる前からどこかのチームのサポーターとなることが運命づけられています。……なんて書くと大げさですが、けっこうこれ普通のことなのです。両親があるチームの熱いファンだと、生まれてくる赤ちゃん用にそのチームのロゴが入った服や壁飾りやタオルを用意する。産院の病室のネームプレ―トとなる記念すべきドア飾りもサッカーチームのものが多く、興味深く見てまわりました。

もしかして赤ちゃんが生まれて初めて目にするのはご両親の顔の次にチー

ムのマークかもしれませんよね。それはそれは慣れ親しむことでしょう。当然、人生の途中で別のチームのサポーターに乗り換えることはありえないんですって。みんな、筋金入りの一途なサポーターばかりです。

日本のサッカーの評価は？

Como brasileiros avaliam o futebol do Japão?

ブラジル人と話していると、悔しいことに「日本人はサッカーが上手くない」という認識だとわかります。我らが日本人選手についても認知度が低めで、海外リーグまでしっかりチェックしている一部の人が知っている程度。でもそれはコンフェデ杯前までのこと。コンフェデ杯の、特にイタリア戦を見ていたブラジル人は、日本人選手の活躍ぶりを見て、「すごいじゃないか！」と驚いていました。翌日の新聞などでも高く評価されていたし認知度は確実に上がっています。ここはＷ杯でのさらなる活躍を期待したいですよね！

ちなみに、日系人はブラジルと日本のどちらを応援するのかといいますと、私の周りの人たちに聞いてみたところ、「もちろん両方」という答えが一番多かったです。ただ、自分がブラジル人か日本人かというアイデンティティの問題がやはり関係するようで、日本に行ったことがない三世の友達の多くは完全なブラジルサポーター、少数ですが日本に住んでいた二世は日本を応援する、というように分かれました。

coluna: ブラジル人と信仰

カテドラル・メトロポリターナ

ブラジルはカトリックの国。信者数は1億2千万人と、人口では世界最大のカトリック国家です。

国民の祝日には復活祭やキリスト聖体祭などキリスト教の祝日が多く、クリスマスも家族や親戚とお祝いするのが伝統です。死刑制度もありません。ただ、厳格な信者は少ないようで、日曜に教会に行くという友達はほとんどいません。ニュースによると、信者の数もここ30年間で人口の90%から65%へと減少し、プロテスタントが勢力を伸ばしてきているようです。

実は普段の友人たちとの付き合いでは、「ここはキリスト教の国だ」とあまり感じることはなかったのですが、昨年（2013年7月）ブラジルをローマ法王が訪問した際はすごかった！　法王は熱烈に歓迎され、行く先々に信者が殺到していた様子をテレビで見ました。リオデジャネイロの海岸で行なわれたミサで、約300万人が砂浜を埋め尽くしていた光景は圧巻でした。南米中から信者が集まったにせよ、ブラジルの信者もやはり相当数いるのだなと実感しました。

また、ブラジルでは「ノッサ・セニョーラ・アパレシーダ」という褐色の聖母像を家庭やカトリック教会で見かけます。その色から、私たちにはとても珍しく感じられる像ですが、ブラジルでは広く浸透しており、1930年にローマ教皇にブラジルの守護神として認められたブラジル版の聖母像です。

その聖母の聖地はサンパウロ市から183km離れたアパレシーダという人口3万人ほどの小さな町。1717年に、貧しい猟師が町を流れるパライバ川で漁をしてところ、網に聖母の胴体と頭がかかり、それを接着して祀っていたら大漁に恵まれたという言い伝えがあります。その後も数々の奇跡が起こり、ブラジル中に広まり、多くの人の信仰を集めるようになったのだそうです。

毎年10月12日のアパレシーダの日（祝日）には、約20万人もの信者が巡礼に訪れ、真摯な祈りが捧げられます。

ノッサ・セニョーラ・アパレシーダ

カテドラル・メトロポリターナ内部。ステンドグラスが美しい

カテドラル・メトロポリターナ前のセー広場。治安が悪いので注意

Mini glossario sobre futebol

4

サッカー観戦プチガイド

サッカー王国ブラジルに来たら、やっぱりサッカー観戦はしたいですよね！

きっと本場のサポーターの入れ込み具合に圧倒されますよ。試合の結果に、まるで自分の人生がかかっているかのような応援ぶりなのです。

私が初めてスタジアムに行ったときは、試合内容が大激戦というわけではなかったのですが、観客の熱気がすごくて一緒になって応援するのが最高に楽しかったです。

観戦にあたって日本とは違う点がたくさんあるので、是非この項目をチェックしてからお出かけください。

ブラジルのサッカー

Futebol no Brasil

ブラジル人のサッカー熱は、3章でもご紹介した通り、それはもうすごいものです。Ｗ杯の優勝歴は世界最多の5回を誇り、さまざまなブラジル人選手が、世界中のクラブチームで大活躍しています。

ブラジルでは、国内リーグのみっつの大会と、国際リーグのふたつの大会で熱戦が繰り広げられています。

試合の選び方

Como escolher os jogos

ブラジルではほぼ一年中試合が行なわれています。

1月から4月はカンペオナート・エスタドゥアイス Campeonatos Estaduais（州選手権）という選手権が27の州それぞれで開催されています。例えばサンパウロ州のカンペオナート・パウリスタ Campeonato Paulista（パウリスタ選手権）は、州内の20のチームが競い合います。

5、6月から12月まではカンペオナート・ブラジレイロ Campeonato Brasileiro（ブラジル選手権）という全国リーグが行なわれます。

これらのリーグと同時進行でコパ・ド・ブラジウ Copa do Brasil（ブラジル杯）や、国際トー

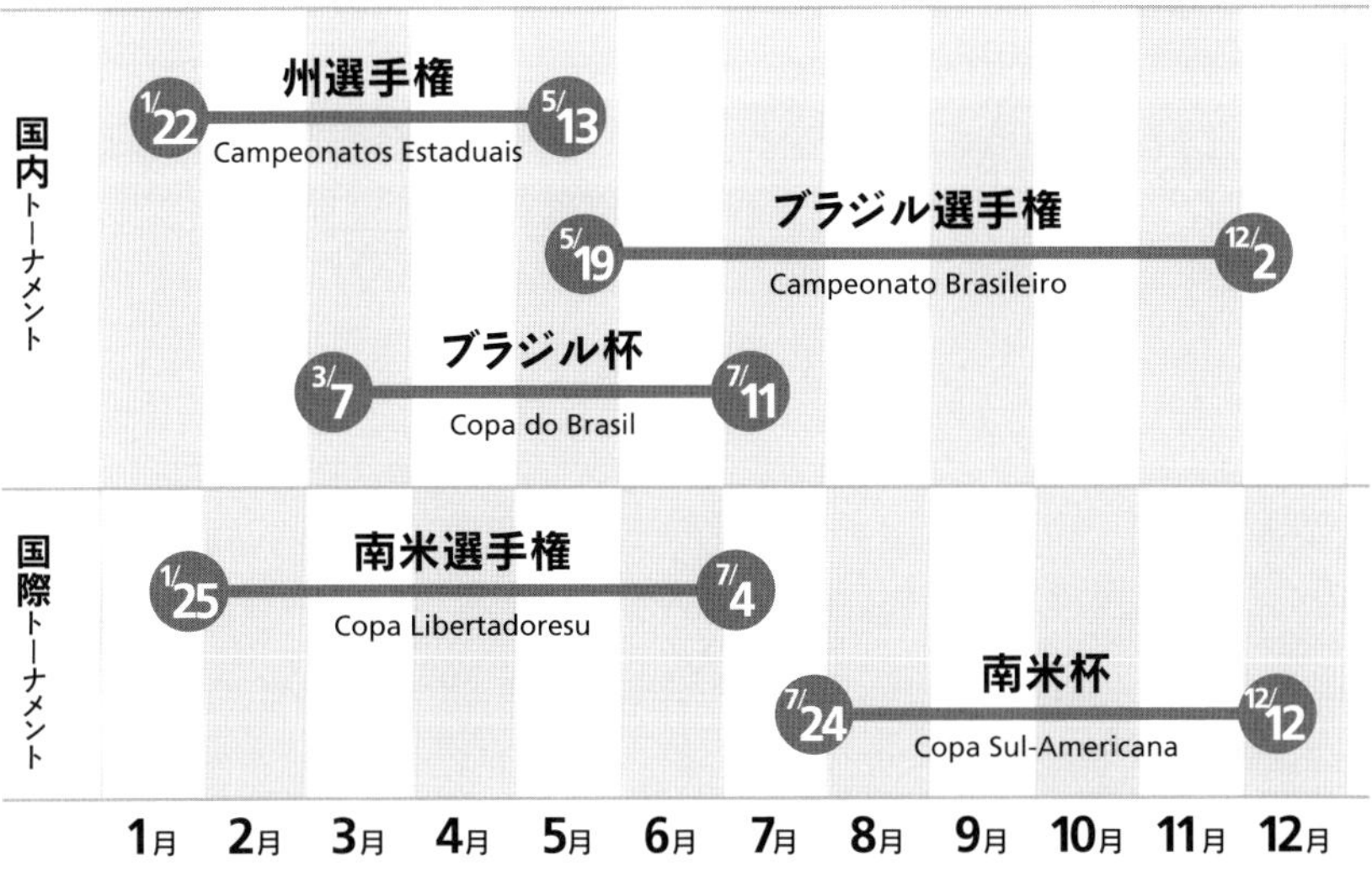

2012年のスケジュールです。毎年、試合日程は少し変わります。
2013、14年はコンフェデ杯、W杯で中断ありの特別日程です

ナメントのコパ・リベルタドーレスCopa Libertadoresu（南米選手権）とコパ・スウ・アメリカーナCopa Sul-Americana（南米杯）が開催されるように、やたらと試合数が多いのです。週末に限らず、年末年始以外は、ブラジル全土では、ほぼ毎日のように何かしらの試合が行なわれています。

代表的なチーム紹介
Principais times

クラシコと言われる名門チーム同士の対戦は非常に盛り上がり、おすすめです。名門クラブをざっくりご紹介しますと……。

同じ州のチーム同士、特に庶民から支持されるチームと富裕層から支持されるチームは強烈なライバル関係にあるのが特徴です。

（※情報は２０１４年４月現在のものです）

“Quatro grandes” do estado de São Paulo

サンパウロ州のビッグ4

Sport Club
Corinthians
Paulista

コリンチャンス

1910年

黒と白

パカエンブースタジアム／パルケ・サンジョルジスタジアム

庶民からの支持が多く、熱狂的でマナーの悪いサポーターもいることで有名。女性に人気のアレシャンドレ・パト選手（2014年2月にサンパウロFCにレンタル移籍）や日本でもプレーしていたエメルソン選手が所属しています（2014年W杯後にスタジアムがアレーナ・ジ・サンパウロに移る予定）。

São Paulo
Futebol Clube

サンパウロFC

1930年

白と黒と赤

モルンビー・スタジアム

セレソンとして活躍してきたルイス・ファビアーノ選手が所属。現在、イングランド・プレミアリーグのチェルシーFCで活躍するオスカル選手が所属していたチーム。ロジェリオ・セニという、キーパーなのに100ゴールを決めた名選手がいます。幸運にも私はその100ゴール目を観戦しました♪

Sociedade
Esportiva
Palmeiras

パルメイラス

1914年

緑

パレストラ・イタリア

（通称パルケ・アンタルチカ）

イタリア系移民によるクラブで、創立時の名前は「パレストラ・イタリア」というホームスタジアムと同じ名前でした。コリンチャンスと激しいライバル関係にあります。名門でありながら、ブラジル選手権は2003年と2013年に成績不振で2部に降格、ともに1年で1部に復帰しています。現在パレストラ・イタリアは改修・拡張工事中で、「A Allianz Parque」という名の新スタジアムになる予定。

Santos
Futebol Clube

サントス

1912年

黒と白

ウルバノ・カウデイラ競技場

（通称ヴィラ・ベウミーロ）

サンパウロ市から車で約2時間の港町サントスのチーム。愛称はペイシェ（peixe 魚）。三浦知良選手が1986年と90年にここでプレーしていました。また、2013年にバルセロナFCに移籍するまでネイマール選手が所属。サッカーの王様ペレ氏も在籍していました。

・チーム名
・創設
・クラブカラー
・ホームスタジアム
の順に書いてます。

“Quatro grandes” do estado do Rio de Janeiro

リオデジャネイロ州のビッグ4

Clube de
Regatas do
Flamengo

フラメンゴ

1895年
赤と黒
マラカナン・スタジアム

リオデジャネイロはもちろん、国内で最も人気があるチームと言われています。庶民からの支持が多いのが特徴。日本代表監督も務めたジーコ氏が所属していたクラブです。

Fluminense
Football Club

フルミネンセ

1902年
赤と白と緑
エスタジオ・ダス
・ラランジェイラス

富裕層からの支持が多くフラメンゴと強烈なライバル関係にあります。元ポルトガル代表のデコ選手が現役引退まで所属していました。コンフェデ杯で活躍したセレソンのフレッジ選手が所属しています。

Botafogo
de Futebol e
Regatas

ボタフォゴ

1904年
黒と白
O Stadium Rio

Jリーグの鹿島アントラーズを3連覇に導いたオズワルド・オリヴェイラ氏が2012年〜13年に監督に就任していました。

Club de Regatas
Vasco da
Gama

ヴァスコ・ダ・ガマ

1898年
黒と白
サン・ジャヌアーリオスタジアム

ポルトガル系移民が作ったクラブ。クラブ名はポルトガルの探検家、ヴァスコ・ダ・ガマに由来しています。今年1月に引退を決断したフリーキックの名手で元ブラジル代表のジュニーニョ氏が在籍していました。2013年シーズン最終戦中に4人が重傷を負う暴動が起きました。

代表的なチーム

Clubes do estado de Minas Gerais
ミナス・ジェライス州

Cruzeiro
Esporte Clube

クルゼイロ

1921年
青と白
ミネイロン

ミナスジェライス州で一番人気のチーム。もともとはイタリア系移民によるクラブ。1942年に現在のクルゼイロECに改称。2003年には州選手権とブラジル選手権とブラジル杯の3冠をブラジル史上初めて達成しました。

Clube
Atlético
Mineiro

アトレチコ・ミネイロ

1908年
黒と白
アレーナ・インデペンデンシア

庶民からの支持が多い。愛称は、闘鶏で死ぬまで戦うというガロ（galo　雄鶏）です。2012年からロナウジーニョ選手が所属しているほか、コンフェデ杯に出場したジョー選手が所属しています。2013年リベルタドーレス杯優勝チームです。

チケットの買い方
Como comprar ingressos

私は毎回インターネットで買っているのですが、これにはブラジルの住所登録が必要で、旅行者には不向きです。旅行者におすすめの買い方は以下の通り。

●日本人向けの旅行会社による観戦ツアー。ホテルからスタジアムまでの送迎、日本語もしくは英語のガイドが付き、ＶＩＰ席で観戦できるものがあります。安全第一とお考えでしたらこちらがおすすめです。

●観戦したいチームの公式ショップで買う。

●スタジアムで直接買う。当日券ももちろんありますが、人気の試合は売り切れてしまっている場合が多いので事前に前売り券を買っておきましょう。

チケットは席によって30レアルから１００レアルくらい。ＶＩＰ席は１８０レアル（２０１３年現在）。ちなみにアルキバンカーダ arquibancada という椅子がない石段はコアなサポーターが多く、熱烈で激しい応援を体感できる非常に楽しい場所らしいのですが、私は利用したことがありません。

荷物検査があるのにもかかわらず、なぜか発煙筒が持ち込まれているし。椅子席のほうがやや落ち着いたサポーターが多く安心だと思います。

審判の判定やファールの具合でサポーターが荒れてフェンスに殺到したり、興奮して暴動を起こしそうなサポーターに警官がゴム弾を発砲することもあります。脅すわけではありませんが、こういったことはよくニュースになっているし何が起こるかわからないので、くれぐれも気を付けてくださいね！

観戦する際に知っておきたいこと

Dicas para assistir a jogos

日本のサッカー観戦とは、結構違う部分もあるので、以下にまとめました。

●スタジアム内に入るときは荷物検査、ボディチェックがある。飲み物、食べ物は持ち込み禁止。中の売店はあまり充実していないし、スタンドの売り子も水とアイスクリームくらいしか販売していない。お釣りは小銭がなかったら戻ってこないくらい適当なので食事は済ませておいたほうが無難。みんな体一つで観戦する感じなので、防犯対策としても荷物は最小限で行くこと（私の場合、携帯、カメラは持って行ってもＯＫでした）。

●屋根は一部の座席のみなので、日焼け対策をしっかりしてサングラスをするとよい。

●飲酒はスタジアム内では禁止。販売もされていない（Ｗ杯時は例外となる）。

●試合の結果次第ではサポーター同士の喧嘩になるので、巻き込まれないように試合終了時間前に出ると安全。近くのお店で食事したりバーに寄ったりするのもできれば避ける。

サントスFCの練習風景

サンパウロにあるパカエンブースタジアム

Como são os estádios?

ものものしいけれど、開放感のあるスタジアム

さて、いざ観戦！とスタジアムに行くと、試合開始1時間前くらいから既に人でごった返しています(人気のカードの場合)。売店もたくさん出ているし、ダフ屋が10倍くらいの値段でチケットを売っていたりする。公式ではないユニフォームTシャツもあちこちから売りに来ます。

そうそう、ユニフォームはなるべく着ないほうがいいという見方もあります。以前、コリンチャンス対サンパウロFCの試合を観に行ったんですが、こういったクラシコ（伝統の一戦）の試合、特にコリンチャンスの試合は熱狂的なサポーターが試合開始前から熱くなっているのが普通で、サンパウロFCのユニフォームを着た人に車の中から罵声を浴びせる光景もあり、かなり危険な空気が漂っていました。

ライバルのサポーター同士が衝突しないように入場ゲートは分かれていますが、どうしても近くで遭遇してしまう場面はあります。どちらのファンかわからないようにしておくのも喧嘩に巻き込まれないための一つの方法です。

サントスのウルバノ・カウデイラ競技場（ヴィラ・ベウミーロ）

スタジアム前には騎馬警官がずらっと並んでいたり、あちこちに警官の姿が。「そういえば、サポーター同士の喧嘩で死者が出ることもあるんだわ、この国は……」。私はそそくさとゲートに入りました。もちろんスタジアムの中にも警官がたくさんいて、楽しいサッカーの試合なのに、なんてものものしいんだといつも驚きます。

スタジアムはなぜか日本より開放感があって気持ちいいです。日差しが強いからなのか声が響く構造なのか、理由はわからないけれどそう感じます。

スタジアムの大きさは様々ですが、日本と比べ、ブラジルは大きなスタジアムが多いようです。２０１３年８月現在、ブラジル最大のリオデジャネイロのマラカナン・スタジアムは約７万８千人を収容でき、４万人以上収容できるスタジアムが全国に24もあります。それくらいの規模のものは日本では十数個と聞いているので、やはりすごいですよね。ちなみに過去最多観客動員数は約15万５千人という記録が残っています。収容人数を軽く超えていますが、どうやって入ったのでしょうか？

安全に注意しながら熱気を楽しみましょう

Cuidado com a segurança e aproveite!

私が初めてスタジアムに行ったとき、一番圧倒されたのはサポーターの熱気。ゴールが入った瞬間は声だけで大地が震えるような音がするし、試合中ずっとみんながみんな大声で何か怒鳴っている。今まで聞いたことがなかった暴言、スラングも初めてここで耳にしました。相手チームに対する非難はもちろん、自分のチームのミスにも手厳しい。怒ると容赦なく水のカップなどがスタンドからピッチに投げ込まれたりします。選手にかかるプレッシャーは相当なものですが、こんな環境だったら上手くなるのも当然だなと思う。

そして、上半身裸率が高い！　応援で熱くなりすぎて服なんて着ていられなくなってしまうのでしょうか（笑）。こういうふうに、私の意識は目の前のゲームよりも、過激で予測不能のサポーターに集中してしまいます。椅子席からはアルキバンカーダ（石段のみの席）が見えるのですが、ここには組織化されたファンのグループが集まり、巨大な旗をはためかせたり、なにやら動きが派手で一際目立っていました。

帰りは注意点でも書いたように、私はいつも試合終了の少し前にスタジアムを出ます。特に治安の悪いところ（周りがファベーラだったり）に位置するスタジアムもあるので警官がいたとしても注意しましょう。

「注意」とか「安全」といったことばかり書いてしまいますが、これはブラジルでサッカー観戦するのにどうしても必要なこと。でも、テレビで観戦するより実際に観たほうが何倍も楽しいので、気を付けて足を運んでみてくださいね！

Petit lições de português

5

ポルトガル語のプチレッスン

ブラジルの公用語はポルトガル語です。英語には自信があっても、この国ではほとんどの場面で英語が通じないので困るかもしれません。旅行などに役立つ、簡単なポルトガル語のフレーズや知っておくと便利な単語などをご紹介いたします。

名詞の性

名詞はすべて男性名詞か女性名詞に分かれます。生き物はその性と一致しますが､例えば｢車｣のような生物でないものも性が決められています。さらにその名詞に伴う指示詞、所有詞、形容詞なども性を一致させなければいけません。英語だと定冠詞は性に関係なくtheひとつですが、ポルトガル語は男性名詞にはo《オ》、女性名詞にはa《ア》が付きます。

生物でない名詞の見分け方にはある程度規則があります。

oで終わる単語は男性名詞

<例>	◆車	**o carro**《オ カーホ》

a, e, çãoで終わる単語は女性名詞

<例>	◆スーツケース	**a mala**《ア マーラ》
	◆午後	**a tarde**《ア タールジ》
	◆駅	**a estação**《ア エスタッサウン》

もちろん例外もありますので、ひとつずつ確認しながら覚える必要があります。ですが、多少間違えても通じないことはないのでご安心ください。

「これ」や「あれ」、「その服」など指し示す言葉

男性名詞、女性名詞の両方とも指し示すのに使えます。

◆これ	**isto**《イスト》
◆それ	**isso**《イッソ》
◆あれ	**aquilo**《アキーロ》

性の区別があるのは、以下のもの。

	男性	女性
◆これ、この	**este**《エスチ》	**esta**《エスタ》
◆それ、その	**esse**《エッスィ》	**essa**《エッサ》
◆あれ、あの	**aquele**《アケーリ》	**aquela**《アケーラ》

「これ、それ、あれ」と指し示すものが男性名詞の場合、este, esse, aqueleを使い、女性名詞の場合はesta, essa, aquelaを使う。また、「この、その、あの」と名詞を修飾するときは、その名詞の性に合わせる。

複数形もあり、estes《エスチス》, essas《エッサス》のようにすべてにs《ス》をつける。

<例>　◆あれらの本　**aqueles livros**《アケリス リーブロス》

挨拶の言葉

◆おはよう。 **Bom《ボン》 dia《ジーア》.**

◆こんにちは。 **Boa《ボア》 tarde《タールジ》.**

◆こんばんは。 **Boa《ボア》 noite《ノイチ》.**

◆やあ! **Oi《オイ》 !**

◆元気ですか? **Tudo《トゥード》 bem《ベン》?**

◆はじめまして。 **Muito《ムイント》 prazer《プラゼール》.**

◆ありがとう。

（男性が言う場合） **Obrigado《オブリガード》.**

（女性が言う場合） **Obrigada《オブリガーダ》.**

◆どういたしまして。 **De《ジ》 nada《ナーダ》.**

◆またね。 **Até《アテ》 logo《ローゴ》.**

◆さようなら。 **Tchau《チャウ》.**

◆すみません。 **Com《コン》 licença《リセンサ》.**
（「失礼します」のニュアンスで）

◆ごめんなさい。 **Desculpe《ディスクーピ》.**
（謝るとき）

よく使う言葉

◆はい。 **Sim《スィン》.**

◆いいえ。 **Não《ナォン》.**

◆いいですよ。 **Tá《タ》 bom《ボン》.** あるいは **Tá《タ》.**

◆私は裕子(名前)です。 **Eu《エウ》 sou《ソウ》 Yuko《ユウコ《名前》》.**

◆私は25歳(年齢)です。 **Eu《エウ》 tenho《テーニョ》 25《《年齢》》 anos《アーノス》.**

聞き取れないで困ったとき

◆すみません、**わかりません**。

Desculpe《ディスクウピ》, não《ナウン》 entendi《エンテンジー》.

◆何て言ったんですか?(聞き取れなかったときに)

Como《コモ》?

◆すみません、もう一回言ってくれませんか?

Desculpe《ディスクウピ》, você《ヴォッセー》 pode《ポージ》 repetir《ヘペチール》?

◆もっとゆっくり話していただけますか?

Você《ヴォッセー》 poderia《ポデリーア》 falar《ファラール》 mais《マイス》 devagar《デヴァガール》, por《ポル》 favor《ファヴォール》?

◆書いてくれませんか?

Você《ヴォッセー》 poderia《ポデリーア》 escrever《エスクレヴェール》 para《パラ》 mim《ミン》?

ホテルにて

チェックイン時

◆**チェックイン**をお願いします。

Check-in《シェッキイン》, por《ポル》 favor《ファヴォール》.

◆私は～(名前)です。

Meu《メウ》 nome《ノーミ》 é《エ》 ～.

◆予約の確認書はこれです。

Este《エスチ》 é《エ》 o《オ》 comprovante《コンプロヴァンチ》 da《ダ》 reserva《ヘゼルヴァ》.

◆荷物を部屋に持っていってもらえますか。

Pode《ポージ》 levar《レヴァール》 a《ア》 bagagem《バガージェン》 para《パラ》 o《オ》 quarto《クアルト》?

◆レストランはどこですか。

Onde《オンジ》 fica《フィッカ》 o《オ》 restaurante《ヘスタウランチ》?

チェックアウト時

◆**チェックアウト**をお願いします。

Check-out《シェッキアウチ》, por《ポル》 favor《ファヴォール》.

◆**ミニバー**は使っていません。

Não《ナウン》 usei《ウゼイ》 o《オ》 frigobar《フリゴバール》.

◆クレジットカードは使えますか?

Aceita《アセイタ》 carão《カルタウン》 de《ジ》 crédito《クレージト》?

旅では、空港、タクシーなどの交通機関、ホテルなどでよく使う言葉を知っておくと便利です。会話なので、すべてこのようにいかないかもしれませんが、そういう場合はボディーランゲージも駆使して（笑）。ちなみに空港や多くのホテルでは英語も通じます。

空港にて

搭乗ゲートは直前に変わることがよくあるので要注意！ 案内モニターをこまめにチェックしてください。

◆窓側の席にしてくださいませんか？

Você《ヴォッセー》 poderia《ポデリーア》 me《ミ》 colocar《コロカール》 na《ナ》 janela《ジャネーラ》?

◆通路側の席にしてくださいませんか？

Você《ヴォッセー》 poderia《ポデリーア》 me《ミ》 colocar《コロカール》 no《ノ》 assento《アセント》 do《ド》 corredor《コヘドール》?

◆このスーツケースを機内持ち込み手荷物にできますか？

Posso《ポッソ》 levar《レヴァール》 esta《エスタ》 mala《マーラ》 como《コモ》 bagagem《バガージェン》 de《ジ》 mão《マウン》?

◆荷物超過料金はいくらですか。

Quanto《クアント》 é《エ》 a《ア》 taxa《タッシャ》 por《ポル》 excesso《エセッソ》 de《ジ》 bagagem《バガージェン》?

◆搭乗開始時間は何時ですか？

A《ア》 que《キ》 horas《オーラス》 começamos《コメサーモス》 a《ア》 embarcar《エンバルカール》?

◆～航空の搭乗ゲートはどこですか？

Qual《クアウ》 é《エ》 o《オ》 portão《ポルタウン》 de《ジ》 embarque《エンバルキ》 da《ダ》 ～ ?

◆何か遅延はありますか？

Vai《ヴァイ》 ter《テール》 algum《アウグン》 atraso《アトラーゾ》?

◆フライトは定刻どおりですか？

O《オ》 voo《ヴォー》 está《エスタ》 no《ノ》 horário《オラーリオ》?

Posso levar esta mala como bagagem de mão?

タクシー会話例

運転手：どちらに行きますか？

Para《パラ》 onde《オンジ》?

客：レストラン～までお願いします。

Até《アテ》 o《オ》 restaurante《ヘスタウランチ》 ～, por《ポル》 favor《ファヴォール》.

（もしくは住所を見せて）この住所まで行ってください

Vá《ヴァー》 até《アテ》 este《エスチ》 endereço《エンデレッソ》, por《ポル》 favor《ファヴォール》.

客：そこまでだいたいどれくらい（時間）かかりますか？

Até《アテ》 lá《ラー》 quanto《クアント》 tempo《テンポ》 leva《レーヴァ》 mais《マイズ》 ou《オウ》 menos《メーノス》?

運転手：ここから近くです。ほんの5分で着きます。

Fica《フィッカ》 perto《ペルト》 daqui《ダキ》, em《エン》 5《スィンコ》 minutinhos《ミヌチーニョス》 chegamos《シェガーモス》.

客：そこまでだいたいいくらかかりますか？

Até《アテ》 lá《ラー》 quanto《クアント》 fica《フィッカ》 mais《マイズ》 ou《オウ》 menos《メーノス》?

運転手：10レアルくらいです。

R$10,00《デス ヘアイス》 mais《マイズ》 ou《オウ》 menos《メーノス》.

客：（最終的に）いくらになりましたか？

Quanto《クアント》 ficou《フィッコウ》?

運転手：12レアルです。

R$12,00《ドーズィ ヘアイス》

「いくらですか？」は、
Quanto《クアント》 é《エ》? **Quanto《クアント》 custa《クスタ》?**
でもOK

移動にて

タクシー táxi《タクシ》

◆**タクシー乗り場**はどこですか?

Onde《オンジ》 fica《フィッカ》 o《オ》 ponto《ポント》 de《ジ》 táxi《タクシ》?

◆タクシーを呼んでください。

Chame《シャーミ》 um《ウン》 táxi《タクシ》, por《ポル》 favor《ファヴォール》.

◆ここで止めてください。

Pare《パーリ》 aqui《アキー》 por《ポル》 favor《ファヴォール》.

地下鉄 metrô《メトロ》

◆**地下鉄の駅**はどこにありますか?

Onde《オンジ》 fica a《フィッカア》 estação《エスタサウン》 de《ジ》 metrô《メトロ》?

◆～に行くにはどこで降りればよいですか?

Onde《オンジ》 posso《ポッソ》 descer《デッセール》 para《パラ》 ir《イール》 a《ア》 ～?

バス ônibus《オーニブス》

◆**バス停**はどこですか。

Onde《オンジ》 fica o《フィッカオ》 ponto《ポント》 de《ジ》 ônibus《オニブス》?

◆～に行くにはどのバスに乗ったらよいですか?

Qual《クアウ》 ônibus《オニブス》 posso《ポッソ》 pegar《ペガール》 para《パラ》 ir《イール》 até《アテ》 ～ ?

◆このバスは～に行きますか?

Este《エスチ》 ônibus《オニブス》 vai《ヴァイ》 para《パラ》 ～ ?

会話例 2

客: いくらですか?

Quanto custa?
クアント　クスタ

店員: 350レアルです。

R$350,00.
トレゼントス イ スィンクエンタ ヘアイス

客: これを買います。

Eu vou levar este(esta).
エウ ヴォウ レヴァール エスチ　エスタ

店員: 他に何かいりますか?

Mais alguma coisa?
マイス　アウグーマ　コイザ

> スーパーのレジでも必ず聞かれます。

客: いいえ、結構です。

Não obrigado(a).
ナウン オブリガード《オブリガーダ》

店員: お支払方法はどうなさいますか?

Qual a forma de pagamento?
クアウ　ア　フォルマ　ジ　パガメント

客: クレジットカードで。

Crédito.
クレージト

店員: 何回にしますか?

Em quantas vezes?
エン　クワンタス　ヴェーゼス

> ブラジルでは分割払いが普通なので、必ず聞かれます。

客: 一括で。

À vista. ※2回なら **duas**、3回なら **três**
ア ヴィスタ　ドゥアス　トレース

店員: 暗証番号を押してください。

Pode digitar a sua senha.
ポージ ディジタールア スア　セーニャ

買い物用単語集

◆レジ	**caixa** カイシャ
◆特売品	**oferta** オフェルタ
◆セール	**liquidação** リキダッサウン
◆大きい	**grande** グランジ
◆小さい	**pequeno(a)** ペッケーノ《ナ》
◆分割払いで	**a prazo** ア プラーゾ
◆現金で・小切手で（その場で一括払い）	**a vista** ア ヴィスタ
◆買う	**comprar** コンプラール
◆値段が(いくら)である	**custar** クスタール
◆割引	**desconto** デスコント
◆頭金、内金	**entrada** エントラーダ
◆利子	**juros** ジューロス
◆支払い	**pagamento** パガメント
◆支払う	**pagar** パガール
◆レシート	**recibo** ヘシーボ
◆値段	**preço** プレッソ
◆分割払い	**prestações** プレスタソンィス

ショッピング

◆お店　**loja**《ロージャ》

◆～を見せていただきたいのですが。

Pode《ポージ》 **me**《ミ》 **mostrar**《モストラール》 **～?**

◆～はありますか?　**Tem**《テン》 **～?**

◆これを試着してみたいのですが。

Eu《エウ》 **gostaria**《ゴスタリーア》 **de**《ジ》 **experimentar**《エスペリメンタール》 **isto**《イスト》**.**

◆いくらですか?

Quanto《クワント》 **custa**《クスタ》**?**　または　**Quanto**《クワント》 **é**《エ》 **?**

会話例1

店員: いらっしゃいませ。

Pois《ポイズ》 **não**《ナウン》**.**

客: あのズボンを試着したいのですが。

Eu《エウ》 **gostaria**《ゴスタリーア》 **de**《ジ》 **experimentar**《エスペリメンタール》 **aquela**《アケラ》 **calça**《カウサ》**.**

店員: あなたのサイズはいくつですか?

Qual《クァウ》 **é**《エ》 **seu**《セウ》 **tamanho**《タマーニョ》**?**

客: (S)だと思います。

Acho《アショ》 **que**《キ》 **P**《ペー》**.**

店員: ちょっと待ってください。

Um《ウン》 **momento**《モメント》**.**

私は～だと思う。 Acho《アショ》 que《キ》 ～ .
はよく使います。

ブラジルの洋服のサイズ（tamanho《タマーニョ》）は

◆**PP**《ペーペー》　→**XS**

◆**P**《ペー》　→**S**

◆**M**《エーミ》　→**M**

◆**G**《ジェー》　→**L**

靴のサイズ

◆**35**《トリンタ イ スィンコ》　→**23.5cm**

◆**36**《トリンタ イ セイス》　→**24cm**

◆**37**《トリンタ イ セッチ》　→**24.5cm**

◆**38**《トリンタ イ オイト》　→**25cm**

◆**39**《トリンタ イ ノーヴィ》　→**25.5cm**

◆**40**《クァレンタ》　→**26.5cm**

◆**41**《クァレンタ イ ウン》　→**27cm**

Qual é seu tamanho?
Acho que P.

店員から言われるフレーズ

◆どうぞ召し上がれ!

Bom《ボナ》 apetite《ペチッチ》!

◆ご満足いただけましたか(お腹は満たされましたか)?

Satisfeitos《サティスフェイトス》?

◆**デザート**はいかがですか。

Aceitam《アセイタン》 uma《ウマ》 sobremesa《ソーブリメーザ》?

◆**コーヒー**はいかがですか。

Aceitam《アセイタン》 um《ウン》 café《カフェ》?

よく使うフレーズ

◆**メニュー**を持ってきてください。

Cardápio《カルダッピオ》 por《ポル》 favor《ファヴォール》.

◆(メニューを見て)どれがお勧めですか?

Qual《クアウ》 você《ヴォッセー》 me《ミ》 recomenda《ヘコメンダ》?

◆お会計をお願いします。

A《ア》 conta《コンタ》 por《ポル》 favor《ファボール》.

◆計算して、「一人(いくら)でお願いします。」

~ reais《ヘアイス》 para《パラ》 cada《カーダ》 um(a)《ウン《ウマ》》.

何人かで食事をして、
お会計をそれぞれ支払いたいとき。

◆お手洗いはどこですか。

Onde《オンジ》 fica《フィッカ》 o《オ》 banheiro《バニェイロ》?

レストラン

◆レストラン　**restaurante《ヘスタウランチ》**

◆こんばんは。4人なのですが、席はありますか?

Boa《ボア》 noite.《ノイチ》 Tem《テン》 uma《ウマ》 mesa《メーザ》 para《パラ》 quatro《クアトロ》 pessoas?《ペッソーアス》

注文

店員: **飲み物**はどうしますか?

Aceitam《アセイタン》 uma《ウマ》 bebida《ベビーダ》?

客: ライムのカイピリーニャの砂糖少な目みっつと砂糖なしひとつ、ガス入りの水をお願いします!

3《トレース》 caipirinhas《カイピリーニャス》 de《ジ》 limão《リマウン》 com《コン》 pouco《ポウコ》 açúcar《アスーカル》, uma《ウマ》 sem《セン》 açúcar《アスーカル》 e《イ》 uma《ウマ》 água《アーグア》 com《コン》 gás《ガス》, por《ポル》 favor《ファヴォール》!

注文は、メニューを指しながら「〜 , por《ポル》 favor《ファヴォール》」と頼めばよいです。水は基本ガス入り(炭酸水)かガスなし(普通)か、氷やライムは入れるか入れないか、いちいち聞かれます。前置詞com(〜入り)とsem(〜なし)を覚えておくと便利です。

◆ガス入りは　**água《アーグア》 com《コン》 gás《ガス》**

◆ガス無しは　**água《アーグア》 sem《セン》 gás《ガス》**

◆氷は**gelo《ジェロ》**で　**com gelo** か **sem gelo**

◆ライムは**limão《リマウン》**で　**com limão** か **sem limão**

それからブラジル名物カイピリーニャは砂糖が大さじ3杯くらい入るので、砂糖少な目がよかったらcom《コン》 pouco《ポウコ》 açúcar《アスーカル》砂糖無しがよかったらsem açúcarと頼むのがおすすめです。

緊急時（怪我、病気）

◆救急病院

Pronto《プロント》 Socorro《ソコーホ》

◆気分が悪いです。

Me《ミ》 sinto《スィント》 mal《マウ》.

◆吐き気がします。

Estou《エストウ》 com《コン》 ânsia《アンシア》 de《ジ》 vômito《ヴォミト》.

◆眩暈がします。

Estou《エストウ》 sentindo《センチンド》 uma《ウマ》 tontura《トントゥーラ》.

◆下痢をしています。

Estou《エストウ》 com《コン》 diarreia《ジアヘイア》.

◆熱があります。

Estou《エストウ》 com《コン》 febre《フェーブリ》.

◆薬

remédio《ヘメージオ》 あるいは **medicamento《メジカメント》**

◆ここが痛いです。（指しながら）

Aqui《アキ》 está《エスタ》 doendo《ドエンド》.

◆パスポートを**失くしました**。

Eu《エウ》 perdi《ペルジ》 meu《メウ》 passaporte《パッサポルチ》.

◆クレジットカードを

meu《メウ》 cartão《カルタウン》 de《ジ》 crédito《クレージト》.

◆財布を

minha《ミーニャ》 carteira《カルテイラ》

◆～を**盗まれました**。

～ foi《フォイ》 roubado(a)《ホウバード（ホウバーダ）》.

◆警察を呼んでください。

Por《ポル》 favor《ファヴォール》, chame《シャーミ》 a《ア》 polícia《ポリーシア》.

◆救急車

uma《ウマ》 ambulância《アンブランシア》.

◆急いでいます。

Estou《エストウ》 com《コン》 pressa《プレッサ》.

◆助けて！

Socorro《ソコーホ》!

監修 Airamaia Chapina
（外国人向けポルトガル語学校 Schola代表）
http://www.schola-sp.com.br/site/

サッカー観戦

◆サッカー	**futebol**《フチボウ》
◆座席のない階段席	**arquibancada**《アルキバンカーダ》
◆フォワード	**atacante**《アタカンチ》
◆オフェンス	**ataque**《アタッキ》
◆オーバーヘッドキック	**bicicleta**《ビシクレッタ》
◆ボール	**bola**《ボーラ》
◆ヘディング	**cabeçada**《カベサーダ》
◆チャンピオン	**campeão**《カンペアウン》
◆大会	**campeonato**《カンペオナート》
◆ピッチ	**campo**《カンポ》
◆伝統のある大試合	**clássico**《クラーシコ》
◆W杯	**Copa**《コッパ》 **do**《ド》 **Mundo**《ムンド》
◆エース	**craque**《クラッキ》
◆ディフェンス	**defesa**《デフェーザ》
◆予選	**eliminatória**《エリミナトーリア》
◆競技場	**estádio**《エスタージオ》
◆決勝戦	**final**《フィナウ》
◆ゴール	**gol**《ゴウ》
◆準決勝	**semifinal**《セミフィナウ》
◆準々決勝	**oitavas**《オイターヴァ》 **de**《ジ》 **final**《フィナウ》
◆前半	**primeiro**《プリメイロ》 **tempo**《テンポ》
◆後半	**segundo**《セグンド》 **tempo**《テンポ》
◆代表チーム	**seleção**《セレサウン》
◆ブラジル代表	**seleção**《セレサウン》 **brasileira**《ブラジレイラ》
◆サポーター	
（男性）	**torcedor**《トルセドール》
（女性）	**torcedora**《トルセドーラ》

おわりに

最後までお付き合いいただき、ありがとうございます。
ブラジルの様々な魅力、伝わりましたでしょうか？
文章に書くことで、あらためて私はこの国の自由な雰囲気と人の温かさが
好きだなと感じました。

執筆作業は子どもが寝たあと、と大変な反面、よい息抜きになりました。
執筆にあたって、ブラジルの友人たちに意見を聞いたり、
人を紹介してもらって取材をしたり、
多くの方に協力していただきました。
特に5章では、私のポルトガル語の先生、
大好きなAiramaia Chapina先生に大変お世話になりました。
そして、この本ができたのはメールでの膨大なやりとりに粘り強く付き合って
くださった編集の古満さんのおかげです。不慣れな執筆作業を強力に
サポートしてくださったこと、本当に感謝しています。

この本で地球の反対側のブラジルを知り、身近に感じていただけたなら
執筆した意義があったと思います。
これからもお互いブラジルに思いを馳せていきましょう。

Te Amo, Brasil ♥

岡山裕子

おかやま・ゆうこ

フリーキャスター・気象予報士。1980年、茨城県生まれ。
お茶の水女子大学卒業。
2002〜2006年 名古屋テレビアナウンサーを経て、
2010年3月までTBS系列「NEWS23」のキャスターを務める。
現在は夫の海外赴任に伴い、ブラジル在住。ポルトガル語堪能。
2014年W杯ブラジル大会、
2016年リオデジャネイロオリンピックを控えるブラジルから現地情報を伝える。

公式ブログ「ゆうコーナー」 http://ameblo.jp/yuko-okayama/

ブラジル、住んでみたらこんなとこでした!

ようこそ! おいしい食と可愛い雑貨の国へ

2014年5月29日発行［初版第1刷発行］

著者 岡山裕子

発行者 藤木健太郎
発行所 清流出版株式会社
東京都千代田区神田神保町3-7-1 〒101-0051
電話 03(3288)5405
振替 00130-0-770500
http://www.seiryupub.co.jp/
(編集担当 古満 温)

印刷・製本 大日本印刷株式会社

乱丁・落丁本はお取り替え致します。
ISBN978-4-86029-416-8